French B

FOR THE IB DIPLOMA

Ann Abrioux

Pascale Chrétien

Nathalie Fayaud

OXFORD

UNIVERSITY PRESS

OXFORD
UNIVERSITY PRESS

Great Clarendon Street, Oxford OX2 6DP

Oxford University Press is a department of the University of Oxford.
It furthers the University's objective of excellence in research, scholarship,
and education by publishing worldwide in

Oxford New York

Auckland Cape Town Dar es Salaam Hong Kong Karachi
Kuala Lumpur Madrid Melbourne Mexico City Nairobi
New Delhi Shanghai Taipei Toronto

With offices in

Argentina Austria Brazil Chile Czech Republic France Greece
Guatemala Hungary Italy Japan Poland Portugal Singapore
South Korea Switzerland Thailand Turkey Ukraine Vietnam

© Oxford University Press 2011

The moral rights of the authors have been asserted

Database right Oxford University Press (maker)

First published 2011

British Library Cataloguing in Publication Data

Data available

ISBN- 978-0-19-912737-5

10 9 8 7 6 5 4 3 2 1

Printed in Great Britain by Bell and Bain Ltd, Glasgow

Paper used in the production of this book is a natural, recyclable product made
from wood grown in sustainable forests. The manufacturing process conforms to
the environmental regulations of the country of origin.

Text acknowledgements

The author and publisher are grateful to the following for permission to reprint
extracts from copyright material.

Afrik.com for Joakim Afoutni: '*Orpailleur*: un film en or pour la Guyane'', film
review from Afrik.com, 16.6.2010.

Jade Bérubé for 'La pouce vert en ville', *La Presse* (Montreal) 20.5.2007.

CBC/Radô-Canada for Michel Coulombe: '*Tout est Parfait*: droit au coeur', film
review from www.radio-canada.ca, 14.2.2008, copyright © 2010 Radio-Canada.ca.

Comité de Parrainage 17 for brochure on sponsorship scheme.

CRDP de l'Academie de Versaôles for 'blog-notes' from www.clemi.ac-versailles.fr.

Le Figaro for interview by Marie-Nöelle Tranchant 'La leçon de vie de Michèl
Laroque', *Le Figaro* 8.12.2009, copyright © Marie-Nöelle Tranchant/Le Figaro 2009.

Nadia Gorbatko and Textuel La Mine for 'Le français peut-il résister á l'invasion
anglaise?' *TGV Magazine* No 119, November 2009.

Éditôns Bernard Grasset for Dany Laferrière: *L'Enigme du retour* (Grasset, 2009),
copyright © Editions Grasset et Fasquelle, 2009.

Internatônal Baccalaureate Organisatôn for extracts from *le Guide de langue B*,
Copyright InternatÜnal Baccalaureate OrganizatÜn 2011

Libératôn for Veronique Soulé & Marie-Joëlle Gros: 'Ces lycëens en classe
tourist' *Libération*, 9.12.2009, and Laure Noulhat: 'Eau: stopper la fuite en avant',
Libération, 19.3.2009.

Groupe Librex for Kim Thúy: *ru* (Libre Expression, 2009).

Le Matin (Switzerland) for Jean-Philippe Bernard: 'Ces ados ont été filmés durant 7
ans' *Le Matin* 8.6.2010, copyright © Le Matin 2010.

Mondadori France for Jérome Blanchart: 'Les cosmétiques bio', *Science et Vie
Junior* 233, (February 2009).

Le Monde (France) for Editorial: 'La fable de l'eau', *Le Monde*, 22.8.2009; Claire
Guillot: Photoshop sème la zizanie dans la photo de presse, *Le Monde* 29.8.2010;
Tahar Ben Jelloun: 'Peurs', *Le Monde*, 7.07. 2010; and Veronique Mortaigne: 'J'ai fait
partie des imbéciles que ont cru au mirage de l'internet', *Le Monde* 19.11.2007.

Les Nouvelles d'Ircantec, Jean-Louis Ballif and Christophe Polaszek for extract
from his interview with Jean-Louis Ballif, author of the book *De l'eau pour tous les
affamés* (Publibook, 2009): 'Retraite Ircantec, ancien agronome à l'Inra de Châlons-
en Champagne, *Les Nouvelles d'Ircantec*, January 2010.

L'Orient des Campus (Lebanon) for student accounts and photographs.

Le Parisien for Louis Moulin with Vincent Verier and Joffrey Vovos: 'AGGRESSION:
Un jeune passé à tabac dans son lycée' *Le Parisien*, 3.2.2010

Point24 (Luxembourg) for Ralph di Marco: 'Vidéosurveillance: une efficacité
mitigée', *Point 24*, 5.11.2010.

Frédérique Sauveé for interview with Julie Payette, *Espaces*, March 2010.

Sophia Publicatôns/ La Recherche and the author for Hervé le Bras: 'Modernes
migrations', *La Recherche*, No 429, April 2009.

SOS Éducatôn for letter to the Minister for Education.

Tahiti Presse for '"La cabane des grand-parents": un photographe sillone le monde
pour raconter les anciens', 24.10.2009.

Le Temps (Switzerland) for Albertine Bourget: '*Tree Nation*, un arbre sous le sapin',
Le Temps, 10.12.2010.

Although we have made every effort to trace and contact all copyright holders
before publication this has not been possible in all cases. If notified, the publisher
will rectify any errors or omissions at the earliest opportunity.

Photo acknowledgements

Cover: RelaXimages/Corbis

P21: Uolir/Fotolia; P22: Matt Carr/Getty Images Entertainment/Getty Images; P23:
Kodda/Shutterstock; P27: Kodda/Shutterstock; P32: Nick Hanna/Alamy/Photolibrary;
P33: Creatista/Shutterstock; P34: Andrew Aitchison/Alamy/Photolibrary; P35: Mark
Conlin/Photolibrary; P41: L'Orient des Campus; P43: Matka Wariatka/Shutterstock;
P44: James Davis Photography/Alamy/Photolibrary; P51: Knud Nielsien/Shutterstock;
P52: Collection "J"/Photolibrary; P53: FrancePhotos - Homer Sykes/ Alamy/
Photolibrary; P55: Matt Cardy/Getty Images News/Getty Images; P62l: Charles O.
Cecil/Alamy/Photolibrary; P62m: Tim Jackson/Photolibrary; P62r: GoLo/Fotolia; P63:
©Troubadour Films www.troubadour-films.com; P64: AFP; P99: Kodda/Shutterstock;
P101: Tswphotography/Shutterstock; P109: Matt Carr/Getty Images Entertainment/
Getty Images; P111: Mangostock/Shutterstock; P113: Uolir/Fotolia; P152: Claude
Paris/AP Photo; P155: Charles Platiau/Reuters; P158: Radius Images/Photolibrary;
P159: Joel Damase/Photolibrary; P160: J.Riou/photocuisine/Corbis; P162: Goran
Bogicevic/Fotolia; P164: AFP; P165: Peter Banos/Alamy/Photolibrary; P166: Fredrik
Naumann/Panos Pictures; P167: Vario images GmbH & Co.KG/Alamy.

Artwork by: Lisa Hunt & Maurice Pierse

We have tried to trace and contact all copyright holders before publicatÜn. If notified
the publishers wÜl be pleased to rectify any errors or omissÜns at the earliest
opportunity.

Table des matières

Introduction

L'objectif de ce guide   5

Questionnaire sur le cours et les épreuves   5

Le programme de français B, niveau moyen
et niveau supérieur   7

Le profil de l'apprenant   12

Unité 1

Épreuve 1 Compétences réceptives

1.1 Informations essentielles sur cette épreuve   16
En quoi consiste cette épreuve ?
Quels sont les sujets du tronc commun ?
Comment cette épreuve est-elle évaluée ?

1.2 À quoi faut-il s'attendre dans cette épreuve ?   16
Que devez-vous savoir sur les textes proposés ?
Que devez-vous savoir sur les questions ?
Quelles sont les consignes ?

1.3 Comment améliorer votre note ?   19
Conseils pour améliorer vos compétences en lecture
Conseils relatifs à des types de questions spécifiques

1.4 Conseils pour le jour J   30

1.5 Entraînez-vous !   31
Épreuve 1 niveau moyen : exemple 1
Épreuve 1 niveau moyen : exemple 2
Épreuve 1 niveau supérieur : exemple 1
Épreuve 1 niveau supérieur : exemple 2
Bilan (niveau moyen et niveau supérieur)

Unité 2

Épreuve 2 Compétences productives à l'écrit

2.1 Informations essentielles sur cette épreuve   74
En quoi consiste cette épreuve ?
Quelles sont les options (NM ; NS section A) ?
Quels sont les sujets du tronc commun
   (NS section B) ?
Quels sont les types de textes pour l'épreuve 2

2.2 À quoi faut-il s'attendre dans cette épreuve ?   75
Quelle est la consigne ?
Comment choisir la tâche (NM ; NS section A) ?
Entraînez-vous !

2.3 Les critères d'évaluation pour la rédaction (NM ; NS section A)   79
Comment la rédaction est-elle évaluée
   (NM ; NS section A) ?

2.4 Comment améliorer votre note dans la rédaction (NM ; NS section A) ?   82
Critère A : langue
Critère B : message

2.5 Les conventions relatives à des types de textes   95
Textes modèles
Entraînez-vous !

2.6 Niveau supérieur section B : un texte argumentatif   124
Rappel des consignes
Comment le texte argumentatif est-il évalué ?
Comment analyser la tâche et exprimer votre opinion ?

2.7 Conseils pour le jour J   134
Comment gérer votre temps ?
10 conseils pour réussir l'épreuve 2
   (NM ; NS section A)

2.8 Entraînez-vous !   137
Épreuve 2 niveau moyen
Épreuve 2 niveau supérieur
Bilan (niveau moyen et niveau supérieur)

Unité 3

L'examen oral

3.1 L'oral individuel : informations essentielles sur cette épreuve   140
En quoi consiste cette épreuve ?
Quelles sont les options ?
Comment se déroule l'épreuve ?

3.2 À quoi faut-il s'attendre dans cette épreuve ?   140

Que se passe-t-il pendant la préparation ?
Que se passe-t-il pendant la présentation ?
Que se passe-t-il pendant la discussion ?

3.3 Les critères d'évaluation   141

Vue d'ensemble
Les bandes de notation et les descripteurs
de niveaux

3.4 Comment améliorer votre note ?   146

Que faut-il réviser avant l'épreuve ?
Comment choisir une photographie ?
Comment étudier une photographie ?
Comment présenter une photographie ?
Expressions utiles pour présenter une
photographie
Expressions utiles pour discuter

3.5 Conseils pour le jour J   150

Ce qu'il *faut* faire au moment de l'examen oral
Ce qu'il *ne* faut *pas* faire au moment de
l'examen oral

3.6 Entraînez-vous !   152

Analysez une photographie

3.7 L'activité orale interactive   168

Informations essentielles sur l'activité orale
interactive
Quels sont les sujets du tronc commun ?
Comment l'activité orale interactive est-elle
évaluée ?
Comment améliorer votre note pour l'activité
orale interactive ?
Bilan (niveau moyen et niveau supérieur)

Unité 4

Le travail écrit

4.1 Informations essentielles sur cette épreuve   171

En quoi consiste cette épreuve ?
Quels sont les sujets du tronc commun ?

4.2 À quoi faut-il s'attendre dans cette épreuve ?   171

Que devez-vous savoir sur les types de textes
pour le travail écrit ?

4.3 Les critères d'évaluation   172

Les bandes de notation et les descripteurs
de niveaux
Comment améliorer votre note ?

4.4 Entraînez-vous ! (niveau moyen)   176

Thème A : la violence à l'école
Thème B : l'eau

4.5 Entraînez-vous ! (niveau supérieur)   190

Œuvre littéraire A : *La Peste*, Albert Camus (1947)
Œuvre littéraire B : *Oscar et la dame rose*,
Éric-Emmanuel Schmitt (2002)
Bilan (niveau moyen et niveau supérieur)

Unité 5

Le mémoire

5.1 Informations essentielles sur cette épreuve   197

5.2 Comment améliorer votre note ?   197

1 S'organiser
2 Se préparer
3 Définir un sujet
4 Formuler une question de recherche
5 Effectuer des recherches
6 Rédiger le mémoire
7 Rédiger le résumé
8 Présenter votre travail
9 Se préparer à la soutenance du mémoire

5.3 Comment le mémoire est-il évalué ?   203

Bilan

Introduction

L'objectif de ce guide

Vous êtes en train d'étudier le français B, au niveau supérieur (NS) ou au niveau moyen (NM) pour le Baccalauréat International ? Ou alors vous avez presque terminé vos deux années de cours et l'examen approche à grands pas ? Vous voulez vous assurer d'obtenir la meilleure note possible ? Certaines parties du programme ne sont toujours pas claires pour vous ? Alors, ce guide de révision va vous être utile.

Il a pour but de vous aider à :

- bien comprendre ce que vous devez faire pour réussir aux examens
- améliorer au maximum votre note dans chaque partie de l'épreuve.

Pour découvrir si vous avez bien compris ce qui est requis pour réussir et le cours et les examens, complétez le questionnaire suivant. Après, vous pourrez étudier les explications et les exemples dans les unités du guide.

Vous trouverez sur le site web www.oxfordsecondary.co.uk/frenchsp les réponses à tous les exercices des unités 1 et 2 ainsi qu'un résumé des points grammaticaux que vous devez connaître et maîtriser.

Questionnaire sur le cours et les épreuves

Savez-vous quel est le programme de français B ?

Savez-vous…   **OUI**   **NON**

- quelle est la signification de l'expression « compréhension interculturelle » ?   ☐   ☐
- quels sont les trois sujets obligatoires du tronc commun ?   ☐   ☐
- quelles options vous avez étudiées ?   ☐   ☐
- quelles sont les parties de l'épreuve et de l'évaluation ?   ☐   ☐

> Si vous n'avez pas répondu « oui » à toutes ces questions, référez-vous aux pages 8–13 de cette introduction.

Savez-vous quelles sont les caractéristiques de l'épreuve 1 ?

Savez-vous…   **OUI**   **NON**

- ce qui est testé dans cette épreuve ?   ☐   ☐
- quelles sont les modalités (durée…) ?   ☐   ☐
- quelles sont les consignes ?   ☐   ☐
- quels sont les types de questions ?   ☐   ☐
- comment répondre aux questions ?   ☐   ☐
- comment améliorer votre note ?   ☐   ☐

> Si vous n'avez pas répondu « oui » à toutes ces questions, référez-vous à l'unité 1 aux pages 17–30.

Savez-vous quelles sont les caractéristiques de l'épreuve 2 ?

Savez-vous…   OUI   NON

- ce qui est testé dans cette épreuve ?   ☐   ☐
- quelles sont les modalités (durée…) ?   ☐   ☐
- quelles sont les conventions relatives à chaque type de texte au programme ?   ☐   ☐
- quels sont les critères propres à l'épreuve 2 ?   ☐   ☐
- quelle est la signification de l'expression « registre de langue » ?   ☐   ☐
- comment analyser la tâche? ?   ☐   ☐
- comment améliorer votre note ?   ☐   ☐

> Si vous n'avez pas répondu « oui » à toutes ces questions, référez-vous à l'unité 2 aux pages 73–136.

Savez-vous quelles sont les caractéristiques de l'examen oral ?

Savez-vous…   OUI   NON

- ce qui est testé dans cette épreuve ?   ☐   ☐
- quelles sont les modalités (durée…) ?   ☐   ☐
- quels sont les critères propres à l'examen oral ?   ☐   ☐
- sur quelles options va porter le stimulus visuel (NS)/vont porter les stimuli visuels (NM) ?   ☐   ☐
- comment l'oral individuel se déroule ?   ☐   ☐
- comment présenter une photographie ?   ☐   ☐
- comment sera attribuée la note pour l'oral interactif ?   ☐   ☐

> Si vous n'avez pas répondu « oui » à toutes ces questions, référez-vous à l'unité 3 aux pages 140–169.

Savez-vous quelles sont les caractéristiques du travail écrit ?

Savez-vous…   OUI   NON

- ce qui est testé dans cette épreuve ?   ☐   ☐
- quelles sont les modalités (durée…) ?   ☐   ☐
- quels sont les critères propres au travail écrit ?   ☐   ☐
- comment se passera/se passeront la séance/les séances d'écriture ?   ☐   ☐
- sur quel sujet portera votre travail écrit (NM) ?   ☐   ☐
- sur quelle œuvre littéraire portera votre travail écrit (NS) ?   ☐   ☐
- ce qu'il faut préciser dans un préambule ?   ☐   ☐

> Si vous n'avez pas répondu « oui » à toutes ces questions, référez-vous à l'unité 4 aux pages 171–195.

Savez-vous quelles sont les caractéristiques du mémoire de français B ?

Savez-vous…

	OUI	NON
	☐	☐
ce qui est testé dans ce travail ?	☐	☐
quelles sont les modalités (nature du travail, nombre de mots…) ?	☐	☐
quels sont les sujets admissibles ?	☐	☐
quelles sont les caractéristiques d'une bonne question de recherche ?	☐	☐
quelle est la manière de se documenter ?	☐	☐
quelle est la manière de mentionner ses sources ?	☐	☐
quelles sont les caractéristiques d'une argumentation organisée et efficace ?	☐	☐
ce qu'il faut préciser dans le résumé ?	☐	☐
comment améliorer la qualité de la langue utilisée ?	☐	☐
comment présenter votre travail ?	☐	☐
quels sont les critères d'évaluation ?		

Si vous n'avez pas répondu « oui » à toutes ces questions, référez-vous à l'unité 5 aux pages 197–203.

Le programme de français B, niveau moyen et niveau supérieur

Objectifs globaux du groupe 2

Les objectifs globaux du groupe 2 sont de :

1 développer la compréhension interculturelle des élèves
2 permettre aux élèves de comprendre et d'utiliser la langue étudiée dans divers contextes et à diverses fins
3 développer une prise de conscience et une appréciation des différents points de vue d'individus provenant d'autres cultures par l'intermédiaire de l'étude de textes et des échanges sociaux
4 faire prendre conscience aux élèves du rôle de la langue dans d'autres domaines du savoir
5 faire prendre conscience aux élèves des liens entre les langues et les cultures qui leur sont familières
6 fournir aux élèves des bases pour que la langue supplémentaire leur serve ultérieurement dans leurs études, leur profession et leurs loisirs
7 favoriser le plaisir, la créativité et la stimulation intellectuelle par le biais de la connaissance d'une langue supplémentaire

Objectifs d'évaluation

Le cours de langue B comporte six objectifs d'évaluation. Les élèves seront évalués en fonction de leur capacité à :

1 communiquer de façon claire et efficace dans différentes situations, en faisant preuve de compétences linguistiques et d'une compréhension interculturelle
2 utiliser un langage adapté à différents contextes sociaux et/ou culturels
3 comprendre et utiliser la langue pour exprimer un éventail d'idées et y réagir, et ce, avec correction et aisance
4 organiser leurs idées sur différents sujets de façon claire, cohérente et convaincante
5 comprendre, analyser et réagir à un éventail de textes écrits et oraux
6 comprendre et utiliser des œuvres littéraires rédigées dans la langue cible (NS uniquement)

La compréhension interculturelle : qu'est-ce que c'est ?

Tout au long des deux années du programme, vous explorez les diverses cultures francophones. Vous découvrez d'autres façons de faire et de vivre. Vous portez un regard critique sur elles mais aussi sur vous-même et sur votre propre façon de faire et de vivre. Savoir décrire, savoir comparer et savoir évaluer sont parmi les compétences dont vous allez faire preuve à l'examen.

Le programme thématique

Ce programme de langue est organisé de manière thématique : il comprend différents sujets. Grâce à leur étude, vous approfondissez vos connaissances d'aspects du monde francophone et votre maîtrise de la langue française. Au niveau supérieur, vous étudiez aussi deux œuvres littéraires francophones.

Tronc commun

Le tronc commun comprend trois sujets :

- Communications et médias
- Questions mondiales
- Relations sociales

> ✔ L'étude de ces trois sujets est obligatoire.
> ✔ Chaque sujet se compose d'aspects.
> ✔ Vous devez étudier au moins deux aspects de chaque sujet.

Tronc commun : les sujets et leurs aspects

Communications et médias

La façon dont les individus interagissent, communiquent et rassemblent des données pour s'informer et se divertir.

Aspects pouvant être traités :

- Censure
- Courrier
- Internet
- Partialité des médias
- Presse
- Publicité
- Radio et télévision
- Sensationnalisme dans les médias
- Téléphone

Questions mondiales

Questions actuelles et scénarios futurs qui ont un impact au niveau régional, national et/ou international, en gardant à l'esprit qu'ils doivent être abordés du point de vue de la ou des cultures associées à la langue cible.

Aspects pouvant être traités :

- Alimentation et eau
- Drogues
- Économie internationale
- Environnement et développement durable
- Impact de l'homme sur la nature
- Migrations (exode rural ou migrations internationales)
- Mondialisation
- Pauvreté et famine
- Racisme, discrimination et préjugés
- Réchauffement de la planète, changement climatique et catastrophes naturelles
- Réserves d'énergie

Relations sociales

La façon dont les personnes interagissent et se comportent en tant que membres d'une communauté, individuellement ou en groupe.

Aspects pouvant être traités :

- Célébrations, événements sociaux et religieux
- Domination linguistique
- Langue et identité culturelle ou identité propre
- Minorités
- Multilinguisme
- Nationalisme, patriotisme et fanatisme
- Points de vue et comportements sociaux
- Relations (amis, travail, famille)
- Structures sociales et/ou politiques
- Système éducatif
- Tabous par opposition à ce qui est socialement acceptable

Options

Le programme comprend cinq options :

- Coutumes et traditions
- Diversité culturelle
- Loisirs
- Santé
- Sciences et technologie

> ✔ Vous devez étudier au moins deux options.
> ✔ Chaque option se compose d'aspects.
> ✔ Vous devez étudier au moins deux aspects de chaque option.

Les options et leurs aspects

Coutumes et traditions

Pratiques actuelles et passées, représentations, expressions et connaissances qui appartiennent à une communauté parlant la langue cible.

Aspects pouvant être traités :

- Alimentation
- Arts
- Bienséance et protocole
- Cérémonies, événements sociaux et religieux
- Codes vestimentaires, uniformes
- Costumes nationaux
- Événements historiques
- Mode

Diversité culturelle

Les différences ethniques, sexuelles, raciales, idéologiques et socioéconomiques au sein d'une communauté parlant la langue cible.

Aspects pouvant être traités :

- Apprentissage de la culture
- Assimilation interculturelle
- Communication verbale et non verbale
- Concepts de la beauté humaine
- Croyances, valeurs et normes
- Diversité des langues
- Diversité des populations
- Influence interlinguistique
- Migrations
- Patrimoine culinaire
- Sous-cultures

Loisirs

Les diverses activités pratiquées par plaisir.

Aspects pouvant être traités :

- Divertissements
- Expositions et spectacles
- Interactions sociales dans le cadre des loisirs
- Jeux
- Loisirs
- Passe-temps
- Sports
- Voyages

Santé

Bien-être physique, mental et social ainsi que les sujets liés aux maladies.

Aspects pouvant être traités :

- Abus de drogues
- Chirurgie
- Concepts de la beauté et de la santé
- Épidémies
- Exercice physique
- Hygiène
- Maladies, symptômes d'une bonne/mauvaise santé
- Médecine traditionnelle et médecine douce
- Régime et nutrition
- Santé mentale
- Services de santé

Sciences et technologie

La relation entre les sciences et la technologie, et leur impact sur une communauté parlant la langue cible.

Aspects pouvant être traités :

- Divertissements
- Énergies renouvelables
- Éthique et sciences
- Éthique et technologie
- Impact des technologies de l'information sur la société
- Recherche scientifique
- Sciences naturelles
- Sciences sociales

Œuvres littéraires, niveau supérieur

> ✔ Au niveau supérieur, vous devez étudier deux œuvres littéraires.
>
> ✔ Il n'y a pas de liste prescrite d'œuvres au programme.
>
> ✔ Vous devez rédiger un travail écrit en vous basant sur une des œuvres littéraires étudiées en classe.

Types de textes

Vous devez bien connaître les caractéristiques propres à chaque type de texte de la liste ci-dessous.

Types de textes pour l'épreuve 1	Types de textes pour l'épreuve 2 et le travail écrit
• Article, chronique	• Article
• Blog	• Blog/passage d'un journal intime
• Brochure, dépliant, prospectus, tract, annonce publicitaire	• Brochure, dépliant, prospectus, tract, annonce publicitaire
• Correspondance écrite	• Correspondance écrite
• Critique	• Critique
• Dissertation	• Dissertation
• Information de presse	• Information de presse
• Instructions, directives	• Instructions, directives
• Interview	• Interview
• Nouvelle, conte, roman, poème (NS seulement)	• Présentation, discours, exposé, introduction à un débat
• Rapport	• Proposition (NS seulement)
	• Rapport officiel

Évaluation : tronc commun et options

Chaque partie de l'évaluation porte soit sur le tronc commun, soit sur les options.

Composante	porte sur…
Épreuve 1	le tronc commun
Épreuve 2 NM et épreuve 2 NS section A	les options
Épreuve 2 NS section B	le tronc commun
Oral individuel	les options
Oral interactif	le tronc commun
Travail écrit	le tronc commun (NM)
	une œuvre littéraire (NS)

Évaluation : composantes et pondération

Niveau moyen		
	Composante d'évaluation	**Pondération**
Évaluation externe : 70 %	**Épreuve 1 (1 heure 30) Compétences réceptives** • Étude de 4 textes • L'épreuve porte sur le tronc commun	25 %
	Épreuve 2 (1 heure 30) Compétences productives à l'écrit • Rédaction de 250 à 400 mots sur un des 5 sujets proposés • L'épreuve porte sur les options	25 %
	Travail écrit : Compétences réceptives et compétences productives à l'écrit • Lecture intertextuelle de trois sources • Le travail écrit porte sur un des sujets du tronc commun • Rédaction d'un type de texte au programme de 300 à 400 mots • Rédaction d'un préambule de 100 mots • Rédaction : 3 à 4 heures	20 %
Évaluation interne : 30 %	**Examen oral : Compétences réceptives, productives et interactives** **Oral individuel :** • Présentation d'une photographie : – 15 minutes de préparation – 10 minutes de présentation et de discussion avec l'enseignant • L'épreuve porte sur les options	20 %
	Activités orales interactives : • Trois activités en classe évaluées par l'enseignant • Les activités orales interactives portent sur le tronc commun	10 %

Niveau supérieur		
	Composante d'évaluation	Pondération
Évaluation externe : 70%	**Épreuve 1 (1 heure 30) Compétences réceptives** • Étude de 5 textes • L'épreuve porte sur le tronc commun	25 %
	Épreuve 2 (1 heure 30) Compétences productives à l'écrit Deux rédactions obligatoires **Section A :** • Rédaction de 250 à 400 mots sur un des 5 sujets proposés • L'épreuve porte sur les options **Section B :** • Texte argumentatif de 150 à 250 mots • L'épreuve porte sur le tronc commun	25 %
	Travail écrit : Compétences réceptives et productives à l'écrit • Rédaction créative de 500 à 600 mots • Rédaction d'un préambule de 150 mots • Le travail écrit porte sur l'une des deux œuvres littéraires étudiées en classe • Rédaction : 3 à 4 heures	20 %
Évaluation interne : 30%	**Examen oral : Compétences réceptives, productives et interactives** **Oral individuel** • Présentation d'une photographie : – 15 minutes de préparation – 10 minutes de présentation et de discussion avec l'enseignant • L'épreuve porte sur les options	20 %
	Activités orales interactives : • Trois activités en classe évaluées par l'enseignant • Les activités orales interactives portent sur le tronc commun	10 %

Le profil de l'apprenant

Voici les caractéristiques d'un apprenant idéal. Ce descriptif se trouve dans le document *Présentation du profil de l'apprenant de l'IB*. Un apprenant doit être :

Investigateur

Il développe sa curiosité naturelle. Il acquiert les compétences nécessaires à la conduite d'investigations et de recherches et fait preuve d'autonomie dans son apprentissage. Il a vraiment envie d'apprendre et ce plaisir d'apprendre l'accompagnera tout au long de sa vie.

Informé et instruit

Il explore des concepts, des idées et des problèmes qui sont d'importance à l'échelle locale et mondiale. Ce faisant, il acquiert des connaissances approfondies et développe une bonne compréhension dans un éventail de disciplines vaste et équilibré.

Un penseur

Il s'exerce à appliquer ses capacités de réflexion de façon critique et créative, afin d'identifier et d'aborder des problèmes complexes et de prendre des décisions réfléchies et éthiques.

Un communicateur

Il comprend et exprime des idées et des connaissances avec assurance et créativité dans plus d'une langue ou d'un langage et en utilisant une variété de modes de communication. Il collabore efficacement et volontairement avec les autres.

Intègre

Il adhère à des principes d'intégrité et d'honnêteté, et possède un sens profond de l'équité, de la justice et du respect de la dignité de chaque individu, des groupes et des communautés. Il est responsable de ses actes et de leurs conséquences.

Ouvert d'esprit

Il comprend et apprécie ses propres cultures, racines et vécus, mais n'en est pas moins réceptif aux points de vue, valeurs et traditions d'autres individus et communautés. Il a l'habitude de rechercher et d'évaluer un éventail de points de vue et est disposé à en tirer des enrichissements.

Altruiste

Il fait preuve d'empathie, de compassion et de respect envers les besoins et sentiments des autres. Il accorde une grande importance au service et il œuvre concrètement à l'amélioration de l'existence d'autrui et de l'état de l'environnement.

Audacieux

Il aborde les situations inhabituelles et incertitudes avec courage et discernement et il a l'indépendance d'esprit nécessaire pour explorer de nouveaux rôles, idées et stratégies. Il est courageux et sait défendre ses convictions avec éloquence.

Équilibré

Il comprend l'importance d'un bon équilibre intellectuel, physique et affectif dans l'atteinte de son bien-être personnel et de celui des autres.

Réfléchi

Il opère un retour sur lui-même et examine de façon critique son propre apprentissage et ses expériences. Il est capable d'évaluer et de comprendre ses points forts et ses limites afin d'appuyer son apprentissage et son développement personnel.

Avez-vous bien compris les qualités d'un apprenant ?

Associez les comportements de la colonne de gauche aux attributs du profil de l'apprenant dans la colonne de droite. Écrivez la bonne lettre dans la colonne du centre.

#			
1	J'ai fait de la recherche pour le mémoire, le travail écrit et pour mes présentations orales en classe.		**A** intègre
2	J'ai toujours signalé les sources dont je me suis inspiré(e) pour mon travail.		**B** audacieux
3	J'ai fait ma présentation pour l'oral individuel sans lire mes notes !		**C** penseur
4	Je me fais comprendre en français quand je parle avec mon prof et mes copains francophones.		**D** investigateur
5	J'aime aider les gens de mon voisinage.		**E** équilibré
6	Au cours de la semaine je joue au basket, je fais de la photo et du bénévolat, et j'étudie dur pour mes examens.		**F** ouvert d'esprit
7	J'ai appris beaucoup de choses sur les cultures de la francophonie.		**G** réfléchi
8	J'ai beaucoup appris sur les francophones autour du monde et je comprends mieux maintenant certains de leurs points de vue.		**H** informé et instruit
9	Avant de me décider sur un sujet difficile, je m'informe, je questionne, je pèse le pour et le contre.		**I** altruiste
10	J'accepte de me remettre en question.		**J** communicateur

Réponses

1   D (investigateur)
2   A (intègre)
3   B (audacieux)
4   J (communicateur)
5   I (altruiste)
6   E (équilibré)
7   H (informé et instruit)
8   F (ouvert d'esprit)
9   C (penseur)
10 G (réfléchi)

Test : Êtes-vous un bon apprenant de langue ?

Apprendre une langue étrangère est un beau défi. Cela demande temps et efforts (eh ! oui, beaucoup de temps et beaucoup d'efforts…). Malheureusement, même le meilleur guide de révision ne saurait vous enseigner le français en quelques heures ni vous garantir un 7 à l'examen du Baccalauréat International. Pour arriver à de bons résultats, il vous faut cultiver certaines habitudes et stratégies, de préférence dès le début de votre apprentissage et tout au long des deux années du cours.

Pour savoir si vous êtes un bon apprenant de langues (et aussi connaître vos chances d'obtenir ce fameux 7 !), faites le test suivant. Pour chaque question, cochez la case qui correspond à votre situation. Les quelques minutes que vous investirez dans ce test pourraient faire toute la différence.

	A Euh… pas vraiment…	B Je pourrais sans doute le faire plus souvent.	C Oui, ça, c'est tout à fait moi !
1 Je parle français en classe… • même lorsqu'il serait plus rapide et plus facile d'employer une autre langue. • même si j'ai peur de faire des erreurs. • quand je travaille en équipe.			
2 Je participe activement en classe. • Je pose des questions. • J'interviens spontanément. • Quand je travaille en équipe, je collabore bien avec mes coéquipiers.			
3 Je suis responsable de mon apprentissage. • Je fais les lectures, devoirs et travaux requis. • Je mémorise les conjugaisons, le vocabulaire… • Je m'assure de comprendre les attentes du professeur, les critères d'évaluation…			
4 J'apprends de mes erreurs. • J'évalue mes performances. • Je me corrige. • Je suis les conseils qui me permettront de m'améliorer.			
5 J'apprends des autres. • Je suis attentif/attentive à ce qui se passe en classe. • Je m'intéresse à ce que les autres ont à dire. • J'essaie d'imiter les locuteurs natifs.			
6 Je fais des efforts pour utiliser le français en dehors des cours. • Je m'informe en français (radio, journaux, télévision, Internet). • Je lis en français. • Je regarde des films en français. • J'écoute de la musique en français. • Je parle français avec des francophones de mon entourage.			
7 Je fais des liens avec ce que je sais déjà. • J'établis des correspondances pertinentes avec les autres langues que je connais. • J'organise mes nouvelles connaissances (tableaux, schémas, listes…). • J'utilise des méthodes et des stratégies d'apprentissage qui marchent pour moi (par exemple pour mémoriser du vocabulaire, comprendre une règle de grammaire…).			

8	J'utilise le contexte, la situation, les gestes pour améliorer ma compréhension orale et écrite.			
	• Je n'abandonne pas à la première difficulté.			
	• J'accepte de ne pas comprendre chaque mot et de ne pas chercher chaque mot inconnu dans le dictionnaire.			
	• Je fais des hypothèses.			
9	Je trouve un équilibre entre le désir de communiquer et l'utilisation d'une langue correcte.			
	• Je comprends que la langue est un système avec un certain nombre de règles à apprendre.			
	• J'accepte de faire des erreurs.			
	• Je comprends qu'apprendre une langue demande du temps et des efforts.			
10	J'adopte une attitude positive.			
	• Je suis curieux/curieuse envers le monde francophone.			
	• J'accepte que la langue française comporte des difficultés et des règles un peu bizarres !			
	• Je prends plaisir à communiquer en français.			

Comment calculer votre score ?

Pour chaque « A » : attribuez-vous 0 point.

Pour chaque « B » : attribuez-vous 1 point.

Pour chaque « C » : attribuez-vous 2 points.

Faites le total de vos points, puis consultez les résultats du test ci-dessous.

Résultats

Entre 14 et 20 points : Bravo ! Continuez, vous êtes sur la bonne voie… Le français n'aura bientôt plus de secrets pour vous !

Entre 5 et 13 points : Vous faites déjà des efforts dans le bon sens, mais vous pouvez encore vous améliorer. Fixez-vous des objectifs : quels comportements pouvez-vous facilement changer ? Lesquels vous permettront de faire le plus de progrès en français ? Allez-y !

Entre 0 et 4 points : Ne vous découragez pas ! Il est encore temps d'agir… mais mettez-vous tout de suite au travail !

1.1 Informations essentielles sur cette épreuve

En quoi consiste cette épreuve ?

Niveau moyen	Niveau supérieur
L'épreuve est composée d'un livret de textes et d'un livret de questions et réponses.	L'épreuve est composée d'un livret de textes et d'un livret de questions et réponses.
Vous devez lire les textes et inscrire vos réponses dans le livret de questions et réponses.	Vous devez lire les textes et inscrire vos réponses dans le livret de questions et réponses.
Le livret de textes comprend **quatre** textes.	Le livret de textes comprend **cinq** textes.
Les textes sont basés sur le tronc commun.	Les textes sont basés sur le tronc commun.
Le livret de questions et réponses comporte des questions totalisant **45** points.	Le livret de questions et réponses comporte des questions totalisant **60** points.
Les questions sur les textes sont en français et vous devez y répondre en français.	Les questions sur les textes sont en français et vous devez y répondre en français.
L'utilisation de dictionnaires et de documents de référence n'est pas autorisée pendant l'examen.	L'utilisation de dictionnaires et de documents de référence n'est pas autorisée pendant l'examen.
L'épreuve dure 1 h 30.	L'épreuve dure 1 h 30.
Cette épreuve vaut 25 % de la note finale.	Cette épreuve vaut 25 % de la note finale.

Quels sont les sujets du tronc commun ?

- Communications et médias
- Questions mondiales
- Relations sociales

Comment cette épreuve est-elle évaluée ?

✔ Cette épreuve est évaluée à l'aide d'un barème de notation spécifiant les réponses attendues pour chaque question.

✔ À moins d'indication contraire, chaque question vaut un point.

1.2 À quoi faut-il s'attendre dans cette épreuve ?

Que devez-vous savoir sur les textes proposés ?

✔ Ils proviennent de différents pays francophones.

✔ Ils couvrent une variété d'aspects liés aux trois sujets du tronc commun.

✔ Leur niveau de difficulté varie : au niveau moyen, le Texte A est le plus facile alors que le Texte C est le plus difficile. Au niveau supérieur, le Texte A est le plus facile, mais il y a deux textes difficiles : C et D.

✔ Différents types de textes sont représentés, par exemple :

- Article, chronique
- Blog
- Brochure, dépliant, prospectus, tract, annonce publicitaire
- Correspondance écrite
- Critique

- Dissertation
- Information de presse
- Instructions, directives
- Interview
- Rapport
- Nouvelle, conte, roman, poème (niveau supérieur seulement)

À noter que cette liste de types de textes n'est pas exhaustive et que d'autres types de textes peuvent être proposés dans cette épreuve.

Les textes sont souvent accompagnés de photographies ou d'illustrations qui peuvent vous donner quelques indices sur le contenu.

Que devez-vous savoir sur les questions ?

Elles testent différentes compétences de lecture. Voici les principales compétences testées.

1 Comprendre le sens général d'un texte ou d'un paragraphe

Exemple

Parmi les phrases suivantes, laquelle résume le mieux le paragraphe 1 ?

   A   Faire du vélo à Paris, quel bonheur !

   B   Il faut encourager les gens à se déplacer à vélo.

   C   Être cycliste à Paris, c'est dangereux !

   D   Se déplacer à vélo dans Paris comporte plusieurs inconvénients.

2 Identifier le but communicatif d'un texte

Exemple

Le but de ce texte est de…

   A   raconter une semaine passée sans accéder à Internet.

   B   donner des conseils aux adolescents pour qu'ils utilisent mieux Internet.

   C   critiquer les adolescents qui passent trop de temps sur Internet.

   D   décourager l'utilisation d'Internet à l'école.

3 Repérer des détails spécifiques

Exemple

D'après le paragraphe 3, comment pourrait-on mieux prévoir les catastrophes liées aux changements climatiques ?

4 Comprendre le sens de certains mots et expressions en contexte

Exemple

Dans le paragraphe 4, quel mot signifie « supervisés » ?

5 Comprendre certains aspects grammaticaux en contexte

Exemple

> À qui ou à quoi se réfère « l'» dans « on l'attend avec impatience » ?
> *(ligne 2)*

6 Au niveau supérieur, comprendre la langue et le style littéraires

Exemple

> Quelle expression imagée le narrateur emploie-t-il pour désigner
> la mer ?

Quelles sont les consignes ?

Voici les consignes les plus fréquentes. Assurez-vous de bien comprendre ce qu'elles vous demandent de faire. Vous trouverez également dans les exemples d'épreuves (pp. 32–72) des exemples d'utilisation de ces consignes.

1   *Répondez aux questions suivantes.*

2   *Indiquez dans la case la lettre qui correspond à la réponse correcte.*

3   *Parmi les affirmations suivantes, **deux** sont vraies selon le paragraphe 3. Indiquez les lettres correspondantes dans les cases.*

4   *Les affirmations suivantes, basées sur le paragraphe 3, sont soit vraies, soit fausses. Cochez [✔] la réponse correcte. Justifiez votre réponse par des mots du texte. Les deux parties de la réponse sont requises pour l'obtention d'un point.*

5   *En vous basant sur le paragraphe 4, reliez chaque début de phrase à la fin correspondante.*

6   *Ajoutez les mots qui manquent dans le paragraphe 5 en les choisissant dans la liste proposée ci-dessous.*

7   *Reliez chacun des mots du texte figurant dans la colonne de gauche avec son équivalent qui se trouve dans la colonne de droite.*

8   *À qui ou à quoi se réfère « lui » dans « on lui pardonne tout » (ligne 18) ?*

9   *Complétez le tableau suivant en indiquant à qui ou à quoi se réfèrent les mots soulignés.*

10   *Parmi les affirmations de la colonne de droite, choisissez celle qui résume le mieux chacune des parties du texte. Indiquez les lettres correspondantes dans les cases.*

11   *Parmi les affirmations de la colonne de droite, choisissez celle qui correspond à chacun des titres manquants dans le texte. Indiquez les lettres correspondantes dans les cases.*

12   *Certaines des affirmations de la colonne de droite reprennent une idée exprimée par un des quatre jeunes interrogés. Associez chaque jeune à son idée. Indiquez les lettres correspondantes dans les cases.*

13   *Les questions de l'interview ont été supprimées. Retrouvez dans la colonne de droite la question correspondant à chacune des réponses de [nom de la personne interviewée]. Indiquez les lettres correspondantes dans les cases.*

1.3 Comment améliorer votre note ?

Conseils pour améliorer vos compétences en lecture

Pour devenir un lecteur efficace, vous devez acquérir certaines compétences en lecture:

■   comment se préparer à la lecture
■   que faire devant un mot inconnu
■   comment comprendre la structure d'un texte.

Ci-dessous, des stratégies vous sont proposées pour vous aider à améliorer ces compétences. Elles vous seront utiles le jour de l'examen, mais aussi lorsque vous lirez tout type de texte en français. Les exemples sont tirés des textes de cette unité ainsi que de l'unité 2. La référence au texte complet est fournie après chaque exercice.

Comment se préparer à la lecture ?

Stratégie n° 1 : utilisez vos connaissances

Les textes que vous allez lire dans l'examen portent sur les sujets du tronc commun. Vous avez donc probablement déjà lu en classe des textes portant sur des thèmes similaires. Même si ce n'est pas le cas, vous possédez sûrement des connaissances de base sur les thèmes abordés, car les textes traitent de questions d'intérêt général (et non de sujets très spécialisés). Lisez le titre puis, avant de continuer votre lecture, pensez à faire appel à vos connaissances pour anticiper le contenu du texte. **Attention !** Utiliser vos connaissances peut vous aider à comprendre le texte mais vous devez absolument répondre aux questions en vous basant sur le texte et non en vous servant seulement de vos connaissances.

Stratégie n° 2 : faites des hypothèses

À partir du titre, imaginez le contenu possible du texte.

Entraînez-vous !

Voici deux titres d'articles pour vous entraîner.

Un nouveau jeu vidéo avec une touche africaine

1 Utilisez vos connaissances

Que savez-vous sur ce sujet :

- Connaissez-vous des jeux vidéo ? Lesquels ?
- Pensez à un jeu en particulier.
- Quel est le but du jeu ?
- Que faut-il faire pour atteindre ce but ?
- Que voit-on à l'écran ?
- Où peut-on acheter ce jeu ?

2 Faites des hypothèses

Quelles hypothèses pouvez-vous faire sur le contenu de ce texte ?

- Selon vous, qu'est-ce qui est « nouveau » ? Pourquoi ?
- Quelle pourrait être la « touche africaine » dans un jeu vidéo ?

(Pour lire le texte complet, allez à la page 33.)

Le corail en danger de mort

---

1 Utilisez vos connaissances

Que savez-vous sur ce sujet ?

- Qu'est-ce que le corail ?
- Où trouve-t-on du corail ?
- Quel problème est évoqué par ce titre ?

2 Faites des hypothèses

Quelles hypothèses pouvez-vous faire sur le contenu du texte ?

- Quelles sont les causes probables de ce problème ?
- Quelles sont les conséquences possibles de ce problème ?
- Y a-t-il des solutions à ce problème ?

(Pour lire le texte complet, allez à la page 35.)

Stratégie n° 3 : analysez la présentation du texte

Regardez les différents éléments du texte, par exemple :

- Titre
- Intertitres
- Illustrations
- Typographie
- Source

Posez-vous les questions suivantes :

- De quel type de texte s'agit-il ?
- Où a-t-il été publié ?
- Qui est l'auteur ?
- À qui s'adresse-t-il ?
- Dans quel but ?
- Quelles informations sont fournies par les illustrations ?

Vous pouvez vous servir de ces informations pour faire d'autres hypothèses sur le contenu du texte.

Entraînez-vous !

Voici deux textes pour vous entraîner. Observez la présentation de chaque texte et répondez aux questions posées ci-dessus.

Prévention incendie
EN FORÊT, PAS DE FEU !
À proximité d'un incendie, vous êtes en danger

-
-
-

Face au feu, la conduite à tenir

-
-
-

Anticiper vos activités

-
-
-

Réglementation à connaître

-
-

Le saviez-vous ?

-
-

Donner l'alerte

4 INCENDIES SUR 5 SONT DUS À L'IMPRUDENCE

Comité régional du tourisme Languedoc-Roussillon

(Pour lire le texte complet, allez aux pages 110–111 de l'unité 2.)

CINÉMA

Le vendredi 15 février

Film québécois

Tout est parfait : droit au cœur

Une critique de Michel Coulombe

L'acteur Claude Legault

Pacte de suicide

Mystère et complexité

www.radio-canada.ca, 2008

(Pour lire le texte complet, allez à la page 107 de l'unité 2.)

Que faire devant un mot inconnu ?

Lorsque vous rencontrez un mot inconnu en classe ou à la maison, vous pouvez consulter un dictionnaire. Cela n'est pas possible pendant l'examen, mais ne paniquez pas ! Plusieurs options s'offrent à vous :

- Revenez en arrière et relisez la phrase attentivement. Vous avez peut-être mal lu la première fois.
- Continuez à lire. Il se peut que ce mot ne soit pas crucial pour comprendre le texte ou pour répondre aux questions qui vous sont posées.
- Pensez à utiliser une des trois stratégies suivantes.

Stratégie n° 1 : repérez les mots apparentés

Si vous êtes inscrit(e) au programme de Baccalauréat International, vous avez une bonne connaissance de l'anglais ou de l'espagnol puisque la plupart de vos cours sont donnés dans une de ces langues. Il se peut aussi que vous connaissiez d'autres langues. Servez-vous de vos connaissances pour repérer les similarités qui existent entre le français et les langues que vous connaissez. Vous pourriez être surpris(e) du nombre de mots que vous reconnaîtrez !

Entraînez-vous !

Voici trois extraits de textes pour vous entraîner. Quels mots reconnaissez-vous ?

Vendredi 5 novembre **luxembourg** **.24**
POINT 24

WWW.POINT24.LU

Vidéosurveillance : une efficacité mitigée

par Ralph di Marco

Selon l'association luxembourgeoise de criminologie (ALC), l'efficacité de la surveillance est limitée. Surtout au niveau de la prévention, sans parler du respect de la vie privée. Néanmoins, la vidéosurveillance a contribué à identifier une trentaine d'auteurs d'actes criminels au Luxembourg.

(Pour lire le texte complet, allez à la page 97 de l'unité 2.)

ESPACES

ENTREVUE

Julie Payette

Dans une galaxie près de chez nous

par **Frédérique Sauvée**

C'est primordial, voire obligatoire d'avoir un entraînement physique quotidien dans la station spatiale internationale. Dans l'espace, notre corps est en apesanteur et nous ne nous servons quasiment pas de nos jambes pour nous déplacer, seulement de nos bras. Ces muscles ont donc tendance à s'atrophier très rapidement et les os deviennent fragiles. Un risque grave pour le retour sur Terre. Nous devons donc être en très bonne condition physique avant le départ et la conserver tout au long du séjour. Il y a donc une séance d'une heure quotidienne d'exercices physiques. Nous nous entraînons à l'aide d'un vélo-ergomètre par exemple, une sorte de vélo d'exercice.

(Pour lire le texte complet, allez à la page 113 de l'unité 2.)

Courrier des lecteurs

Cannabis : tolérance zéro

Par mon expérience professionnelle, j'ai pu constater que les jeunes qui commençaient à toucher à ce produit devenaient très rapidement dépendants. Du joint mensuel ils passent en quelques mois à une consommation journalière. Puis les joints journaliers sont souvent accompagnés d'alcool pour « booster » le tout et plus tard dans la soirée de tranquillisants pour calmer les angoisses. Cela s'appelle de la polytoxicomanie.

(Pour lire le texte complet, allez à la page 103 de l'unité 2.)

Stratégie nº 2 : essayez de reconnaître les mots de la même famille

Certains mots sont plus faciles à comprendre lorsqu'on peut faire un lien avec des mots de la même famille. Par exemple, dans « impressionnant » on reconnaît « impression » , et dans « fleurir » on reconnaît « fleur » . Ainsi, même si l'on voit le mot « fleurir » pour la première fois, il est facile de comprendre le sens de la phrase « On peut fleurir son balcon. »

Entraînez-vous !

Voici quelques phrases pour vous entraîner. Pouvez-vous faire le lien entre les mots en caractères gras et d'autres mots de la même famille ?

1 Au début, ça a été difficile : le pays est **occidentalisé**, c'est très différent de l'Afrique !

2 En France, il n'existe actuellement aucune réglementation pour **encadrer** l'usage du terme « bio » en cosmétique.

3 On a testé quarante-sept produits **prétendument** biologiques.

4 Il y a aussi le problème de la tradition, de la **perte** des langues qu'on retrouve régulièrement.

5 L'année vient tout juste de commencer. Et elle paraît déjà **prometteuse** pour le cinéma québécois.

6 Nous avons quitté La Clusaz hier matin. Un peu **précipitamment**, il faut l'avouer !

7 La relation avec un parrain permet d'**élargir** le cercle familial.

8 Je refuse l'**endettement** des familles pendant que les banques s'engraissent.

9 Grâce à une aide de l'État, la ville a pu financer les 5 millions de francs de travaux nécessaires à l'**allongement** de la rampe de la Baie des Citrons.

10 Parents avec une **poussette**, jeunes enfants, personnes âgées, tout le monde peut en profiter.

Stratégie nº 3 : utilisez le contexte pour déduire le sens d'un mot

Vous pouvez utiliser le contexte (c'est-à-dire ce qu'il y a avant et après le mot inconnu) pour comprendre le sens d'un mot. Il y a parfois des indices qui vous aideront à comprendre.

Entraînez-vous !

Voici quelques phrases pour vous entraîner. Pouvez-vous deviner ce que les mots en caractères gras signifient ?

1 Le fait qu'il n'y ait aucune conscience écologique m'a **gênée**. Les déchets ne sont pas recyclés, l'air conditionné est utilisé sans faire attention, la mer n'est pas propre.

2 Même si la **publicité mensongère** est interdite, il y a toujours des petits malins pour jouer avec le marketing.

3 Pour lutter de façon efficace contre la criminalité, il faut **miser** davantage sur le travail social (de prévention) et moins sur la technique.

4 Nicolas Henry **sillonne** le monde depuis de nombreux mois pour photographier et conter le quotidien des anciens.

5   Le mauvais temps s'était installé depuis deux jours et le soleil ne parvenait plus à **percer** les nuages.

6   Prévention incendie : allumer une cigarette ou un feu de camp **est passible d'une amende** de 135 euros.

7   Le film raconte la difficulté de grandir à une époque où des **fléaux** aussi différents que le divorce, le chômage et la violence se chargent quotidiennement de piétiner les illusions.

8   Mais chaque nuit, dans les hangars de la musique, la moitié du stock est volée ! Des gamins stockent 10 000 chansons sur l'ordinateur familial, après les avoir **piquées** sur le Net.

Comment comprendre la structure d'un texte ?

Stratégie n° 1 : faites attention à l'organisation des idées

Pour comprendre un texte, il faut non seulement comprendre les mots, mais aussi l'organisation des idées. Les idées sont organisées grâce à :

■   des paragraphes
■   des connecteurs logiques.

Lorsque vous lisez un texte, prêtez attention à ces éléments.

■   À quoi correspond chaque paragraphe ?
■   Quelle en est l'idée principale ?
■   Quels sont les connecteurs logiques ?
■   Quelle relation logique ces connecteurs introduisent-ils (chronologie, comparaison, cause, conséquence, opposition, hypothèse, ajout de renseignements, précision, introduction d'une explication ou d'un exemple, etc.) ?

Entraînez-vous !

Voici deux paragraphes pour vous entraîner. Pour chaque paragraphe, répondez aux deux questions suivantes.

1   Quelle est l'idée principale ?

2   Les connecteurs logiques y sont soulignés. À quoi servent-ils ?

Exemple 1

Nous proposons que vous libériez les élèves de Terminale de toute présence au lycée à partir du 1ᵉʳ avril. En effet, nous pensons que nous aurons intérêt à ne pas suivre les cours au lycée pendant les quatre semaines qui précèdent la première épreuve. Les enseignants ayant terminé le programme, nous saurons employer ces journées à revoir tout ce que nous avons appris pendant les deux années du Diplôme. Nous n'avons pas seulement l'intention de travailler chacun de notre côté : nous avons aussi l'intention d'organiser des rencontres pendant lesquelles nous nous retrouverons avec des camarades afin de perfectionner la préparation aux épreuves.

(Pour lire le texte complet, allez à la page 116 de l'unité 2.)

Exemple 2

Vendredi 5 novembre **Luxembourg** **.24** POINT24

WWW.POINT24.LU

Vidéosurveillance : une efficacité mitigée

par Ralph di Marco

<u>À l'heure actuelle</u>, 70 caméras de surveillance sont installées au Luxembourg, <u>et particulièrement</u>, dans le quartier de la gare. L'ALC a tiré un premier bilan.

<u>Grâce aux</u> caméras de surveillance, une trentaine d'auteurs d'actes criminels (drogues, agressions, vols, etc.) ont pu être identifiés. <u>Même si</u>, <u>jusqu'à présent</u> (<u>et contrairement à</u> l'Allemagne par exemple), ces preuves par l'image n'ont pas été utilisées devant la justice <u>mais plutôt</u> dans le cadre de l'enquête de la police.

(Pour lire le texte complet, allez à la page 97 de l'unité 2.)

Vous trouverez plus d'exercices sur les connecteurs logiques aux pages 90–92 de l'unité 2.

Conseils relatifs à des types de questions spécifiques

Questions à réponse brève
Limitez-vous à la réponse demandée. Il n'est pas nécessaire de répondre par une phrase complète.

Questions à choix multiple
Lisez toutes les options proposées. Ne vous précipitez pas sur la première option qui vous semble correcte ! Procédez par élimination : certaines réponses sont moins plausibles que d'autres.

Vocabulaire (questions à réponse brève)
Lisez bien la question : vous demande-t-elle de citer un **mot**, une **expression** (= au moins deux mots), une **expression imagée** ou une **phrase** ? Écrivez exactement ce qu'il faut, sinon vous n'obtiendrez pas le point. Les réponses trop longues ou trop courtes sont pénalisées.

Vocabulaire (association)
Ne paniquez pas si vous ne connaissez pas le mot testé ! Regardez le contexte. Il contient souvent des indices qui vous aideront à éliminer certaines réponses et même à trouver la bonne.

Servez-vous de vos connaissances grammaticales pour réduire le nombre de possibilités. Par exemple, si la question porte sur un verbe à l'infinitif, choisissez un verbe à l'infinitif comme réponse. Si la question porte sur un adjectif au féminin pluriel, associez-le à un autre adjectif au féminin pluriel, etc.

Vérifiez si l'équivalent choisi fonctionne bien dans le contexte donné. Relisez la phrase et remplacez le mot testé par l'équivalent que vous avez choisi. La phrase est-elle logique et signifie-t-elle toujours la même chose ?

Association de débuts et de fins de phrases

Servez-vous de vos connaissances grammaticales pour réduire le nombre de possibilités. Par exemple, *Il faut que…* sera obligatoirement suivi d'un subjonctif, *Mathias pense…* sera suivi d'une proposition commençant par *que*, etc.

Association (qui dit quoi ?)

Il s'agit de trouver, parmi une liste, les phrases qui correspondent aux idées des personnes interrogées. Lisez attentivement la réponse de chaque personne puis procédez par élimination. Si vous ne trouvez pas, passez à la question suivante, puis revenez en arrière si nécessaire. Vous aurez ainsi éliminé certaines possibilités et il sera plus facile de trouver la bonne réponse.

Vrai ou faux avec justification

Il faut cocher la bonne case **et** fournir la justification appropriée pour obtenir un point ; il n'y a pas de demi-point.

Il faut fournir une justification même quand l'énoncé est vrai.

Assurez-vous de fournir une justification complète.

Utilisez les mots du texte pour justifier votre réponse. Si vous essayez de formuler une justification avec vos propres mots, vous risquez de fournir une justification incomplète, difficile à comprendre ou même fausse.

Textes à trous (connecteurs logiques)

Les mots qui manquent sont des connecteurs logiques (*donc, mais, ainsi, malgré, cependant*, etc.) Il faut donc que vous connaissiez ces connecteurs et que vous vous entraîniez à les utiliser correctement. Vous trouverez aux pages 90–92 de ce guide une liste des principaux connecteurs ainsi que des exercices d'entraînement.

Textes à trous (résumé d'une partie du texte)

Vous trouverez un résumé d'une partie du texte dans le livret de questions.

Lisez la partie correspondante du texte original et soulignez les mots-clés.

Utilisez vos connaissances grammaticales pour limiter les choix parmi les options proposées.

Relisez le résumé pour voir si vos réponses sont logiques.

Relisez la partie correspondante du texte original pour voir si le résumé en reflète bien les idées.

Textes à trous (compréhension globale)

On peut vous demander de trouver, parmi une liste :

- la question qui correspond à chaque réponse d'une interview
- le titre d'un paragraphe.

Lisez attentivement la réponse qui correspond à la question manquante/le paragraphe qui correspond au titre manquant puis procédez par élimination.

Si vous ne trouvez pas la réponse immédiatement, répondez aux autres questions de cette série, puis revenez à la question plus difficile. Vous aurez ainsi éliminé certaines possibilités et il sera plus facile de trouver la bonne réponse.

Analyse grammaticale pour tester la compréhension

Ce sont les questions du type :

> À qui ou à quoi se réfère « lui » dans « on lui pardonne tout » ?

Ces questions portent très souvent sur différents pronoms, par exemple :

- pronoms personnels sujets : je, tu, il, elle, on, nous, vous, ils, elles
- pronoms personnels compléments : le, la, l', les, lui, leur, en, y…
- pronoms démonstratifs : celui, celle, ceux, celles, ceci, cela
- pronoms possessifs : le mien, le tien, le sien….

Assurez-vous de bien connaître ces pronoms et de pouvoir repérer à qui ou à quoi ils font référence dans le texte. Vous en trouverez quelques exemples dans les épreuves des pages suivantes.

Ces questions sont aussi parfois présentées sous forme de tableau, comme ceci :

Dans la phrase…	le mot…	se réfère à…
Exemple : <u>ils</u> font des promesses (ligne 5)	« ils »	…………partis politiques…………
Ils ne <u>les</u> respectent pas *(ligne 6)*	« les »	…………………..........................
Il <u>leur</u> manque les connaissances de base pour faire un choix *(ligne 10)*	« leur »	…………………..........................

1.4 Conseils pour le jour J

✔ Gérez bien votre temps : vous avez beaucoup à faire en 1 h 30 !

✔ Avant de lire le texte, observez la présentation (mise en page, illustrations, titre, intertitres, source du texte, etc.) Cela peut vous fournir quelques indices précieux sur la nature et le contenu du texte.

✔ Lisez attentivement le texte, les consignes et les questions. Il n'y a pas d'ordre prescrit : certains préfèrent lire le texte puis répondre aux questions, tandis que d'autres lisent d'abord les questions afin de mieux orienter leur lecture. Choisissez la méthode qui vous convient le mieux.

✔ Faites une lecture « active » : à l'aide de stylos de couleurs, soulignez par exemple les mots-clés, les connecteurs logiques, les phrases importantes…

✔ Lisez les exemples. Ils sont là pour vous aider à comprendre ce que vous devez faire.

✔ Répondez à **toutes** les questions.

✔ Les questions suivent l'ordre du texte. Par exemple, si la réponse à la question 3 se trouve à la ligne 15, continuez votre lecture pour trouver la réponse à la question 4.

✔ Les consignes ou les questions précisent normalement sur quelle partie du texte portent les questions (par exemple : *à la ligne 25 ; selon le paragraphe 4…*). Ces indications sont là pour vous aider. Assurez-vous de chercher la réponse au bon endroit !

✔ L'espace prévu dans le livret pour inscrire votre réponse est suffisant. Si votre réponse dépasse l'espace prévu (ou si vous devez utiliser une feuille supplémentaire), c'est probablement qu'elle est trop longue !

✔ Inutile de fournir deux réponses lorsque la question n'en demande qu'une seule. Les examinateurs ne tiennent compte que de la **première** réponse.

✔ Inutile de recopier des passages entiers dans l'espoir que la bonne réponse s'y trouve. Les examinateurs cherchent une réponse précise.

✔ Il n'est pas nécessaire de répondre par des phrases complètes. Si la question demande de citer un mot, écrivez un mot. Cela vous fera gagner du temps.

✔ Soignez votre écriture pour les réponses que vous rédigez, bien sûr, mais aussi pour les lettres que vous inscrivez dans les cases. Les A sont parfois difficiles à distinguer des D, les I ressemblent à des F, les C se confondent avec les G ou les L…

✔ Si vous changez d'idée et optez pour une autre réponse, assurez-vous que la nouvelle réponse que vous écrivez est bien lisible et ne peut pas être confondue avec la première.

1.5 Entraînez-vous !

Vous trouverez dans les pages suivantes des spécimens d'épreuves qui vous permettront de vous exercer :

- deux épreuves de niveau moyen
- deux épreuves de niveau supérieur.

Les épreuves de niveau moyen sont accompagnées de conseils dans la marge de droite. Ceux-ci vous permettront de bien comprendre les attentes des examinateurs, de développer des stratégies de lecture appropriées et de répondre aux questions de manière efficace.

Les épreuves de niveau supérieur ne comportent pas de conseils dans la marge. Si vous vous préparez à l'examen de niveau supérieur, faites d'abord les épreuves de niveau moyen et suivez les conseils qui vous y sont donnés. Vous pourrez ensuite tenir compte de ces conseils tout en vous exerçant de manière plus autonome avec les épreuves de niveau supérieur.

Une fois que vous avez répondu aux questions, vous pouvez corriger vos réponses à l'aide des barèmes de notation qui se trouvent sur le site web.

Les textes

TEXTE A

Le pouce vert en ville

Amélie Germain travaille pour *Des jardins sur les toits*, un organisme qui, vous l'aurez compris, vise à promouvoir l'aménagement de jardins sur les toits des immeubles.

On parle beaucoup de toits verts. Est-ce la même chose ?

(1) Il y a en fait deux sortes de toits-jardins. Il y a les toits verts où l'on met de la terre sur la surface pour y planter des végétaux. Nous, ce que l'on fait, c'est ce qu'on appelle des « jardins sur les toits ». Ce sont des potagers, où l'on trouve des fleurs comestibles, des légumes et des fruits. Et nous travaillons avec des bacs au lieu de mettre la terre directement sur le toit.

(2) **[Exemple – Question X]**

Oui. Nous avons démarré plusieurs projets, mais je sais que de plus en plus de personnes sont intéressées. Nous avons créé six jardins collectifs, ce qui signifie que plusieurs personnes d'un même immeuble travaillent sur un même toit. Notre but est que la communauté se rassemble et exploite un espace qui sert à nourrir les gens avec des produits bio, tout en ayant une fonction environnementale.

(3) **[Question 2]**

Bien sûr. Les plantes purifient l'air et aident à diminuer les îlots thermiques que l'on trouve en ville. Il y a plusieurs études qui prouvent qu'en ajoutant des plantes, on peut réussir à diminuer les grandes chaleurs urbaines.

(4) **[Question 3]**

Tout d'abord, il faut qu'il soit plat ! Et solide. C'est l'avantage des toits de Montréal parce qu'ils sont souvent plats. Avec la neige l'hiver, ils sont également faits pour soutenir un poids relatif.

(5) **[Question 4]**

Il faut respecter les normes. Surtout lorsqu'on organise un jardin collectif. Il faut une rambarde tout le tour du toit, un accès sécuritaire, donc idéalement un escalier. On évite les échelles ! S'il y a des enfants ou des personnes âgées, on doit prévoir des coins d'ombre. Bref, il faut bien regarder avant d'aller s'installer comme ça avec ses bacs à tomates. Mais beaucoup de toits ont le potentiel de devenir des oasis comestibles !

(6) **[Question 5]**

Oui ! En ville, on oublie la nature et on croit qu'on ne peut rien faire, mais c'est faux. Il suffit de monter sur sa maison pour se rendre compte du désert de toits plats qui existent et pourraient devenir de grands potagers.

(7) **[Question 6]**

On peut tout simplement fleurir son balcon. Il faut voir ça comme un grand projet collectif. Il faut faire de la ville un immense jardin !

D'après une interview de Jade Bérubé dans *La Presse*, dimanche 20 mai 2007

TEXTE B

Un nouveau jeu vidéo avec une touche africaine

① Question à deux sous. Comment appelle-t-on ce jeu dont le but est de détruire, à l'aide d'une balle qui ricoche sur une autre barre mobile, des blocs situés en face ? Sans hésiter, beaucoup d'amateurs de jeu vidéo répondront : « Pinball » ou encore le très célèbre « Zuma ». Mauvaise réponse. Cela s'appelle le Maskanoïd. Du moins en version camerounaise. En effet, Maskanoïd est ce nouveau jeu vidéo que vient de créer Yannick Sabzé, étudiant, écrivain, développeur et passionné des jeux. Objectif du jeu : faire la promotion des jeux vidéo 100 % africains.

② Grâce à Maskanoïd, l'Afrique vient se positionner dans un domaine encore fortement dominé par les géants du jeu vidéo comme le Japon, les États-Unis et l'Europe. Selon Yannick Sabzé, « Maskanoïd apporte, dans la grande famille du jeu vidéo, cette touche africaine originale qui fait défaut. Il souhaite avoir sa place dans l'industrie numéro un, en terme de chiffre d'affaires, loin devant le cinéma et la musique. »

③ Pour en arriver là, il aura fallu près de huit mois à Yannick Sabzé. Huit mois de dur labeur pour sortir un produit final dont l'originalité réside dans le décor aux couleurs et sonorités africaines. En fait, dans ce jeu, la barre mobile a été remplacée par un bouclier de guerrier. La balle a aussi été changée en cauris*. Quant aux blocs à détruire, ce sont des masques qui les remplacent. Tout au long des parties, les 25 niveaux sont agrémentés d'un fond musical de tambours. Au fur et à mesure que l'on progresse dans les niveaux, de nouveaux masques apparaissent. Certains sont mobiles, pour éviter de se faire détruire. La différence entre le Maskanoïd et le « Pinball » réside dans le fait qu'il est difficile d'anticiper sur la trajectoire du cauris car celle-ci change continuellement.

④ Le jeu n'est encore commercialisé qu'en ligne, à travers le site web www.yansabscorp.webs.com. Pour se le procurer, il suffit de se rendre sur le site web et de débourser 20 dollars US (environ 9000 Fcfa), par carte de crédit. Le jeu est immédiatement envoyé dans la boîte mail du client. Au Cameroun, le jeu coûte 5000 Fcfa. « Nous sommes bombardés par les jeux issus de la culture occidentale. J'ai pensé qu'il fallait un peu changer cela, habituer nos jeunes frères à aimer leur culture », conclut Yannick Sabzé.

D'après un article de Christian Tchampi dans *Le Messager*, 7 septembre 2010

---

*cauris : coquillages traditionnellement utilisés en Afrique comme monnaie, objets décoratifs ou religieux

CINÉMA

« Benda Bilili ! », une leçon de vie

(1) **Des allées poussiéreuses de Kinshasa à la gloire internationale, c'est la fabuleuse histoire du Staff Benda Bilili, un groupe formé de paraplégiques et d'enfants des rues.**

(2) « Un homme n'est jamais fini » chante Papa Ricky, le guitariste leader du groupe Staff Benda Bilili. Et c'est vraiment ce qu'on se dit lorsqu'on voit cette formation de paraplégiques et de gamins abandonnés, que tout destinait à une existence misérable dans les rues défoncées de Kinshasa, construire un destin exceptionnel par leur volonté, leur talent et une rencontre providentielle.

(3) Tout commence en 2004. Deux réalisateurs français, Renaud Barret et Florent de La Tullaye, sont à Kinshasa (capitale de la République démocratique du Congo) et se passionnent pour la musique urbaine locale. Ils font la connaissance du Staff Benda Bilili, un groupe de quinquagénaires handicapés moteurs et d'enfants des rues, emmenés par Papa Ricky, un bluesman talentueux et charismatique. Tous sont sans domiciles fixes, dormant sur des cartons ou dans des abris de fortune, bataillant au jour le jour pour survivre dans un pays aux ressources minières fabuleuses mais où n'existe aucun système d'aide sociale, et encore moins de compassion pour les déclassés et les pauvres, même handicapés. Les documentaristes vont suivre les musiciens dans leur galère quotidienne, et sur leur lieu de répétition favori, le zoo de la capitale.

(4) Entre-temps, le travail du groupe va payer. Avec son petit génie Roger, sorte de Jimmy Hendrix congolais qui a inventé un genre de luth composé d'une boîte de conserve et d'une seule corde, d'où il tire des sons extraordinaires, le Staff Benda Bilili sort son premier album « Très très fort » en mars 2009, dont il écoule rapidement 50 000 exemplaires dans le monde. Suivent les tournées en Europe et au Japon. À Kinshasa, les membres du groupe ne dorment plus sur des cartons dans la rue, mais dans de vrais lits, dans de vraies maisons.

(5) « Benda Bilili ! » (qui signifie « voir au-delà des apparences » en lingala, langue parlée majoritairement à Kinshasa) est sur les écrans français depuis le 8 septembre. Le film est beaucoup plus qu'un documentaire. C'est une formidable leçon de vie et de courage, qui évite avec bonheur le misérabilisme et le paternalisme. C'est à voir, et à recommander, absolument.

D'après une critique de Philippe Triay sur le site www.rfo.fr, 11 septembre 2010

TEXTE D

Le corail en danger de mort

(1) La température de l'eau est anormalement élevée en Guadeloupe et constitue une menace de mort pour les récifs coralliens.

(2) Une mer à vingt-neuf degrés, cela peut faire rêver. Seulement, même pour la Guadeloupe, ces températures sont anormalement élevées pour cette période de l'année. Et la faune marine est la première à en souffrir. Premiers menacés, les coraux sont particulièrement victimes de la chaleur. Ces petits invertébrés qui vivent en colonie et forment les récifs coralliens sont particulièrement fragiles. Pollution, changement de température, la sensibilité de ces coraux déjà menacés pourrait les conduire à leur perte.

Une mort annoncée

(3) Les scientifiques s'inquiètent des conséquences de cet été particulièrement chaud. Claude Bouchon, chercheur en biologie marine, s'en est ouvert à Télé Guadeloupe : « Dans la Caraïbe, **[- X -]** la température de la mer dépasse les 29 °C, les coraux et les poissons sont stressés. **[- 38 -]** cette température élevée monte trop longtemps, pendant plusieurs mois, ils finissent par mourir », explique-t-il.

Les coraux, victimes de la chaleur

(4) Un triste précédent confirme ses propos. En 2005, la température marine avait atteint les 31 °C. **[- 39 -]** : la moitié des fonds coralliens des Antilles sont morts. Pessimiste, Claude Bouchon rappelle certaines prévisions, qui annoncent la disparition totale des fonds coralliens de la Caraïbe à l'horizon 2040.

(5) À ce jour, l'avantage touristique de ces coraux est connu de tous. Cependant, les conséquences sur l'économie et la physionomie de la Guadeloupe qu'entraînerait leur disparition ne sont pas encore ancrées dans les esprits. Seule une véritable prise de conscience pourra permettre d'éviter cette catastrophe annoncée.

D'après www.rfo.fr, 3 juin 2010

Les questions

Il y a plusieurs questions sur chaque texte. Le barème de notation pour ces questions se trouve sur le site web.

TEXTE A – LE POUCE VERT EN VILLE

1 ➊ Parmi les phrases suivantes, **deux** correspondent à la description ➋ des « jardins sur les toits » que fait Amélie Germain dans le paragraphe 1. Indiquez les lettres correspondantes dans les cases. ➌ *[2 points]*

A   Les jardins se trouvent à l'arrière des édifices.

B   La terre est directement sur la surface du toit.

C   On y plante principalement des fleurs.

D   On y cultive des légumes, des fruits et des fleurs comestibles.

E   Les végétaux sont plantés dans des contenants.

Cases : D / E

➍ *Certaines des questions de l'interview ont été supprimées. Retrouvez dans la colonne de droite les questions qui correspondent aux réponses d'Amélie Germain. Indiquez les lettres correspondantes dans les cases.* ➎

Exemple : Question X [G]

Question 2 [C]

Question 3 [E]

Question 4 [B]

Question 5 [H]

Question 6 [D]

A   Qui sont les jardiniers ?

B   Et la sécurité ?

C   Parce que ces toits sont bons pour l'environnement ?

D   Que peut faire quelqu'un qui n'a pas accès au toit de son immeuble ?

E   Quelles plantes poussent le mieux sur les toits ?

F   Quel est le toit idéal pour faire un jardin ?

G   *Y a-t-il beaucoup de toits-jardins à Montréal ?* ➏

H   Il est donc possible de rester proche de la nature tout en restant en ville ?

I   Combien coûte un toit-jardin ?

Répondez à la question suivante.

7 ➐ Citez **deux** des buts ➑ des jardins sur les toits mentionnés dans le paragraphe 2. *[2 points]*

a) communauté se rassemble

b) exploit un espace qui sert à nourrir les gens avec des produits bio.

➊ Question à choix multiple

➋ Attention aux mots-clés !

➌ 1. Utilisez la logique pour éliminer des réponses.
2. Regardez la photographie. Elle peut vous aider.
3. Cherchez les réponses dans le bon paragraphe.

➍ Texte à trous (compréhension globale)

➎ 1. Comprenez-vous ce que vous devez faire ? L'exemple peut vous aider.
2. Si vous ne trouvez pas, passez à la question suivante, puis revenez en arrière si nécessaire. Vous aurez ainsi éliminé certaines possibilités et il sera plus facile de trouver la bonne réponse.

➏ Avez-vous remarqué ? G et H sont des questions fermées, c'est-à-dire qu'on peut y répondre par oui ou non.

➐ Question à réponse brève

➑ « Deux des buts » : cette formulation indique qu'il y a plus de deux possibilités de réponses, alors ne paniquez pas si vous en avez trouvé trois ! Inscrivez-en seulement deux. De toute façon, l'examinateur ne corrigera pas la troisième.

Indiquez dans la case la lettre qui correspond à la réponse correcte.

8 La phrase « Mais beaucoup de toits ont le potentiel de devenir des oasis comestibles ! » (paragraphe 5) signifie que beaucoup de toits…

    A   sont des endroits agréables pour pique-niquer.

    B   peuvent être transformés en jardins de fruits et de légumes.

    C   sont recouverts de végétation.

    D   peuvent devenir déserts si les jardins ne sont pas bien arrosés.

B

TEXTE B – UN NOUVEAU JEU VIDÉO AVEC UNE TOUCHE AFRICAINE

9 *Répondez aux questions suivantes ou indiquez dans la case la lettre qui correspond à la réponse correcte.*

9 Selon le paragraphe 1, le Maskanoïd…

    A   est l'ancêtre du « Pinball » et du « Zuma ».

    B   est plus populaire au Cameroun que le « Pinball » et le « Zuma ».

    C   est un jeu vidéo similaire au « Pinball » et au « Zuma ».

    D   est une mauvaise imitation du « Pinball » et du « Zuma ».

C

9 Avant de lire le texte et les questions, étudiez bien le titre. Quelles informations contient-il ?

10 Selon le paragraphe 1, dans quel but Yannick Sabzé a-t-il créé le Maskanoïd ?

faire la promotion des jeux vidéo 100% africains

10 Rappelez-vous : il n'est pas recommandé de répondre par une phrase complète. Vous gagnerez ainsi du temps.

11 « Cette touche africaine originale qui fait défaut » (paragraphe 2) signifie : cette touche africaine originale…

    A   qui manque.

    B   qui est imparfaite.

    C   qui est peu importante.

    D   qui cause des problèmes.

A

12 À quelle industrie Yannick Sabzé fait-il référence lorsqu'il mentionne « l'industrie numéro un, en termes de chiffre d'affaires » (paragraphe 2) ?

l'industrie de jeu vidéo

11 *En vous basant sur le paragraphe 3, reliez chaque début de phrase à la fin correspondante.* **12**

11 Association de débuts et de fins de phrases

Exemple : La création du jeu a nécessité… **D**	A des blocs.
	B le décor et la musique sont africains.
13 Ce jeu est original parce que… **B**	C un énorme investissement d'argent.
	D huit mois de travail.
14 Dans le « Maskanoïd », il faut détruire… **E**	E des masques.
	F permettent de passer d'un niveau à l'autre.
15 Les tambours… **F**	G sont imprévisibles.
	H les instructions sont disponibles dans plusieurs langues africaines.
16 Les déplacements du cauris… **G**	I sont les mêmes qu'au « Pinball ».
	J servent de fond sonore.

12 1. Servez-vous de vos connaissances grammaticales pour limiter le nombre de possibilités.
2. N'oubliez pas de relire le texte pour voir si votre réponse y correspond.

13 *En vous basant sur le paragraphe 4, trouvez les mots du texte qui signifient :* **14**

Exemple : vendu   *commercialisé*

17 acheter **15**   *procurer*

18 aller **16**   *se vendre*

19 payer **17**   *débourser*

20 originaires **18**   *issus*

TEXTE C – CINÉMA : « BENDA BILILI ! », UNE LEÇON DE VIE

Répondez aux questions suivantes ou indiquez dans la case la lettre qui correspond à la réponse correcte.

21 Ce texte est… **19**

    A   une annonce publicitaire pour le premier CD du groupe Staff Benda Bilili.   **B**

    B   une critique du film « Benda Bilili ! ».

    C   un article sur le guitariste du groupe Staff Benda Bilili.

    D   un rapport sur le tournage du film « Benda Bilili ! ».

22 « Des allées poussiéreuses de Kinshasa à la gloire internationale » (paragraphe 1) suggère que le groupe…

    A   rêve de connaître la gloire internationale.   **A̶ D**

    B   a beaucoup de succès parce qu'il vient de Kinshasa.

    C   connaît un grand succès à Kinshasa.

    D   a eu des débuts difficiles avant de connaître le succès.

23 Selon le paragraphe 1, qui sont les membres du Staff Benda Bilili ?   *[2 points]*

    a) ………………………………………………………………………

    b) ………………………………………………………………………

24 « Un homme n'est jamais fini » (paragraphe 2) est un message…

    A   d'amour.   **B**

    B   d'espoir.

    C   de félicitations.

    D   de remerciements.

25 Citez **un** des facteurs **20** qui a permis au groupe de connaître un destin exceptionnel.

    ………………………………………………………………………

---

13 Vocabulaire (questions à réponse brève)

14   1. Ne cherchez pas au-delà du paragraphe 4.
2. N'oubliez pas que les questions suivent l'ordre du texte.
3. Encore une fois, utilisez vos connaissances grammaticales. Que cherchez-vous ? Un verbe ? À quel temps ? Un adjectif ? Pluriel ? Singulier ?

15 Verbe à l'infinitif

16 Verbe à l'infinitif

17 Verbe à l'infinitif

18 Adjectif pluriel

19   1. Regardez la présentation du texte. Elle contient des indices.
2. Si vous ne pouvez pas répondre à cette question maintenant, revenez-y après avoir lu tout le texte.

20 Rappel : cette formulation indique qu'il y a plus d'une réponse possible.

26 Avec qui le groupe Staff Benda Bilili a-t-il fait une « rencontre providentielle » ?

....

21 *Reliez chacun des mots du paragraphe 3 figurant dans la colonne de gauche avec son équivalent qui se trouve dans la colonne de droite.* **22**

Exemple :	se passionnent pour	J
27	quinquagénaires	F
28	abris de fortune	G
29	déclassés	B
30	galère quotidienne	E

A   animaux sauvages
B   exclus de la société
C   journal
D   logements luxueux
E   vie difficile de chaque jour
F   personnes âgées d'environ 50 ans
G   refuges temporaires
H   riches
I   se moquent de
J   s'intéressent beaucoup à

21 Vocabulaire (association)

22 1. Ne paniquez pas si vous ne connaissez pas les mots de la colonne de gauche. C'est normal ! Les questions sont là pour vous aider à les comprendre.
2. Servez-vous de vos connaissances grammaticales pour limiter les possibilités.
3. Très important : vérifiez si l'équivalent choisi est logique dans le contexte.

Répondez aux questions suivantes.

31 Selon le paragraphe 4, avec quoi le petit Roger a-t-il fabriqué son instrument ?   *[2 points]*

a) ....

b) ....

32 Qu'est-ce que le succès a changé dans les conditions de vie des membres du groupe ?

....

33 En vous basant sur le paragraphe 5, citez **une** des choses que l'auteur est content de **ne pas** **23** avoir trouvé dans « Benda Bilili ! »

23 Attention à la négation !

....

TEXTE D – LE CORAIL EN DANGER DE MORT

Répondez à la question suivante.

34 Selon le paragraphe 1, pourquoi les récifs coralliens de la Guadeloupe sont-ils en danger ?

....

24 *Complétez le tableau suivant en indiquant à qui ou à quoi se réfèrent les mots soulignés. Tous les mots se trouvent dans le paragraphe 2.* **25**

Dans la phrase…	le(s) mot(s)…	se réfère(nt) à…
Exemple : _ces températures_ sont anormalement élevées	« *ces températures* »	*..vingt-neuf degrés..*
35 La faune marine est la première à <u>en</u> souffrir	« en »	....
36 <u>Ces petits invertébrés</u> qui vivent en colonie	« ces petits invertébrés »	....
37 La sensibilité de ces coraux… pourrait <u>les</u> conduire à leur perte	« les »	....

26 *Ajoutez les mots qui manquent dans les paragraphes 3 et 4 en les choisissant dans la liste proposée ci-dessous.*

CAR	PAR CONTRE	RÉSULTAT
DÈS QUE	POUR QUE	SI

Exemple : [- X -] *dès que*

38 ....

39 ....

En vous basant sur le dernier paragraphe, répondez aux questions suivantes.

40 Sur quoi la mort du corail pourrait-elle avoir des conséquences ?

....

41 D'après l'auteur, quelle serait la solution au problème évoqué dans cet article ?

....

24 Analyse grammaticale pour tester la compréhension

25 Vous devez remplacer les mots soulignés par un autre mot du texte.

26 Texte à trous (connecteurs logiques)

Épreuve 1 niveau moyen : exemple 2

Les textes

TEXTE A

Étudiants au Liban

Ana, espagnole, 25 ans

« Au début, j'ai été surprise par la présence de soldats dans la rue, et par le fait que cela semble normal à tout le monde. Les édifices détruits par les guerres et les énormes contrastes entre les immeubles, les voitures de luxe, les modes de vie et les façons de vivre la religion m'ont aussi étonnée. Le Liban m'a beaucoup plu, l'hospitalité, la gastronomie, la beauté des paysages…

Je ne veux pas porter de jugement, mais le fait qu'il n'y ait aucune conscience écologique, en revanche, m'a gênée. Les déchets ne sont pas recyclés, l'air conditionné est utilisé sans faire attention, la mer n'est pas propre… Passer l'été au Liban a été une grande expérience pour moi. J'ai appris et compris énormément de choses que je n'avais pas du tout saisies, en lisant pourtant de très nombreux livres… Je reviendrai certainement si j'en ai l'opportunité. »

Henri-Emmanuel, centrafricain, 37 ans

« Au début ça a été difficile : le pays est occidentalisé, c'est très différent de l'Afrique ! L'important est de se conformer aux règles et aux habitudes. Ce qui me manque le plus, c'est d'abord ma famille, puis la nourriture, le mode de vie. Je n'ai pas trouvé d'endroits pour me distraire ; en Centrafrique il y a des lieux dehors où l'on peut s'asseoir en famille, avec des amis, pour discuter. La langue a aussi été un obstacle ; en dehors des cours, les étudiants parlent peu en français.

Les familles libanaises sont impressionnantes, au moment du repas… Dans mon foyer aussi, quand les étudiants reviennent le dimanche ils sont toujours avec leur famille. Chez nous on laisse un peu plus les enfants se débrouiller seuls, pour qu'ils puissent ensuite affronter les problèmes. »

Giorgio, italien, 25 ans

« À Beyrouth, les gens sont assez similaires aux Italiens du Sud, dans la façon de vous accueillir et de vous considérer aussitôt comme un ami. J'aime aussi le côté un peu « bordélique » de la ville, même si c'est parfois suffocant et étouffant. Ça manque d'espaces verts…

Ici, quand on rencontre quelqu'un, on commence d'abord par parler de politique et de religion, et ensuite on se demande ce qu'on fait dans la vie. Les choses dont on n'est pas censé parler ailleurs, c'est la première chose dont on parle ! »

D'après des articles sur le site www.lorientlejour.com, 2009

CRÉER SON BLOG... OUI, MAIS ATTENTION !

(1)

PHOTO VUE ET APPROUVÉE PAR LE MODÈLE...

Tu veux prendre la photo d'un prof en classe et la mettre sur ton blog ? S'il est d'accord, pas de problème. Mais publier sur ton blog (ou sur un site, dans un journal, sur un mur...) la photo d'un prof, d'un copain ou de ta petite sœur sans leur autorisation, c'est interdit par la loi. Ils sont protégés par le droit à l'image. Tu veux seulement prendre une photo dans le collège ou le lycée ? Renseigne-toi : cela peut être interdit par le règlement intérieur. Et puis, tu le sais bien, certaines personnes n'aiment pas être prises en photo. Demande-leur si cela ne les dérange pas : le plus souvent, elles seront sensibles à cette marque de respect et elles donneront leur accord.

(2)

» TOUT LE MONDE ME TOMBE DESSUS. QU'EST-CE QUE J'AI ENCORE FAIT ? »

Ce que tu as publié a pu faire du tort à quelqu'un. Sur un blog, c'est comme à la radio ou dans la vie, on ne peut pas dire n'importe quoi. Tu es responsable de tout son contenu, de tes articles comme des commentaires. C'est toi, le directeur de la publication. Un conseil : lis bien les « conditions générales d'utilisation » quand tu crées ton blog. Elles rappellent ce qui est permis et ce qui ne l'est pas. Si tu as ton blog, c'est que tu les as acceptées. Impossible de dire ensuite que tu ne savais pas !

(3)

INJURE, DIFFAMATION, ATTEINTE À LA VIE PRIVÉE... QU'EST-CE QUE CELA VEUT DIRE ?

Pour mieux comprendre, voici quelques exemples :

« Lia est une grosse vache », voilà une injure.

« Naxo pique dans la caisse », c'est une diffamation, tant que ce n'est pas prouvé.

« Appelez tous le prof ce soir, son numéro de téléphone c'est 00 11 12 13 14 », voilà une atteinte à la vie privée.

Tous ces propos sont des délits*. Inciter à la haine raciale, faire circuler des fausses nouvelles sont aussi punis par la loi. Si Lia ou Naxo te poursuivent en justice, tu risques d'être condamné à payer une amende, toi ou tes parents si tu es mineur. Tu trouveras des informations plus précises à ce sujet sur le site www.droitdunet.fr

Extrait d'un dépliant publié sur le site http://www.clemi.ac-versailles.fr

---

* Délits : comportements qui ne respectent pas la loi

TEXTE C

Les cosmétiques bio

1 **Savons, déodorants, gels douche, dentifrice, maquillage, shampooings... les produits de beauté bio envahissent les rayons ! Mais lesquels sont vraiment bio ?**

2 Gel douche bio-truc, savon bio-machin... Les étals de fruits et légumes n'ont plus le monopole de l'étiquette « biologique », censée indiquer un mode de production respectueux de l'environnement. En première ligne de cette tendance, les rayons des shampooings, savons et autres produits de beauté. Pas surprenant : après s'être inquiétés de ce qu'ils se mettent dans le gosier, les consommateurs se préoccupent désormais de ce qu'ils se passent sur la peau.

3 Seulement, il ne faut pas toujours se fier aux étiquettes : en France, il n'existe actuellement aucune réglementation pour encadrer l'usage du terme « bio » en cosmétique. Même si la publicité mensongère est interdite, il y a toujours des petits malins pour jouer avec le marketing. En 2006, la Direction générale de la concurrence, de la consommation et de la répression des fraudes (DGCCRF pour les intimes) a testé quarante-sept produits prétendument naturels ou biologiques. Six d'entre eux n'étaient pas conformes à la loi, en raison de la présence massive de produits de synthèse.

4 Ne rêvons pas, les cosmétiques pourront difficilement être aussi naturels que, disons, une pomme issue de l'agriculture biologique. Le plus naturel des shampooings contiendra des ingrédients chimiques, **[- X -]** ces produits de synthèse n'ont pas tous d'équivalents naturels aussi efficaces... **[- 25 -]**, pour l'instant.

5 N'empêche, certains fabricants font des efforts et créent des formules plus respectueuses de l'environnement, **[- 26 -]** d'autres se contentent de le faire croire aux consommateurs. Comment reconnaître les baratineurs[1] ? En lisant attentivement les étiquettes. **[- 27 -]** il n'existe pas de réglementation, les fabricants qui jouent le jeu se font certifier par des associations. Ils s'engagent à respecter un cahier des charges qui définit la composition des produits et la façon dont ils sont fabriqués. Les parfums ou colorants synthétiques, **[- 28 -]** les OGM[2] et la plupart des conservateurs sont interdits. Exit aussi les tests sur les animaux. En échange, ils peuvent imprimer un logo sur leurs produits. Ce sont ces logos qui, aujourd'hui, constituent le meilleur moyen de reconnaître les produits cosmétiques les plus respectueux de l'environnement.

Article de Jérôme Blanchart dans *Science et vie junior*, n° 233, février 2009

---

[1] Baratineurs : les fabricants qui abusent de la confiance des consommateurs
[2] OGM : organismes génétiquement modifiés

« La cabane des grands-parents » : un photographe sillonne le monde pour raconter les anciens

(1) Nicolas Henry, jeune artiste touche à tout, sillonne le monde depuis de nombreux mois pour photographier et conter le quotidien des anciens, au travers de sa « cabane des grands-parents ». Dans le cadre de ce périple, il a posé ses valises en Polynésie le temps d'un bref séjour pour immortaliser sur la pellicule des familles polynésiennes.

(2) Nicolas Henry a décidé de partir seul à l'aventure, appareils photo sous le bras, pour réaliser un projet qui lui tenait à cœur : « la cabane des grands-parents ». Le concept : photographier des personnes âgées chez elles, entourées des objets qui font leur quotidien, mais aussi conter en parallèle leur vécu, leurs attentes et souvenirs.

(3) Pour mener à bien son projet, le jeune artiste a traversé des dizaines de pays des cinq continents où il a toujours reçu un accueil chaleureux. Son étape en Polynésie n'a en revanche pas toujours été aisée car il a dû convaincre les « matahiapo » (anciens) de se laisser photographier, certains, timides, étant réticents à l'idée de poser.

(4) **Changement d'époque, changement de mœurs**
Au fil des textes qui accompagnent ses photos, les problématiques que rencontrent aujourd'hui les diverses civilisations du globe sont mises en avant comme « l'accès à l'eau, à l'énergie ».

(5) « Il y a aussi le problème de la tradition, de la perte des langues qu'on retrouve régulièrement. Par exemple, j'ai été dans une région de Laponie où seulement 400 personnes parlaient encore la langue. Souvent, les anciens s'interrogent aussi sur l'époque. À la leur, il y avait beaucoup moins de choses mais ils appréciaient ce qu'ils avaient. Aujourd'hui, les nouvelles générations sont confrontées à des milliers d'informations, de différents objets. Les anciens se disent que les jeunes ont beaucoup de mal à trouver leurs repères, à trouver des joies simples », raconte le photographe.

(6) Le résultat final de ses pérégrinations est saisissant : des clichés lumineux dans des décors naturels parfois d'exception. Plusieurs de ces photos ont d'ailleurs déjà été publiées dans des revues renommées. Nicolas Henry a également organisé plusieurs expositions et il envisage de réaliser un livre de ses rencontres. Une invitation aux voyages et à la tolérance au travers de ceux qui contemplent le monde depuis des décennies.

D'après un article de JBC dans *Tahiti Presse*, 24 octobre 2009

Les questions

TEXTE A – ÉTUDIANTS AU LIBAN

Indiquez dans la case la lettre qui correspond à la réponse correcte.

1   Le but de ce texte est de…

    A   présenter trois étudiants libanais.

    B   partager l'expérience vécue par des étrangers qui étudient au Liban.

    C   décourager les jeunes qui veulent aller étudier au Liban.

    D   proposer des améliorations aux programmes d'échanges universitaires avec le Liban.

Certaines des affirmations de la colonne de droite reprennent une idée exprimée par une des trois personnes interrogées. Associez chaque personne à ses idées. Indiquez les lettres correspondantes dans les cases. **①**

Exemple : Ana [D]	A Difficile d'imaginer que ce pays a connu la guerre !
2 Ana [ ] [ ] *[2 points]*	B Il ne faut surtout pas parler de politique et de religion.
	C Il y a beaucoup de parcs.
3 Henri- Emmanuel [ ] [ ] *[2 points]*	**D Le Liban est un pays de contrastes.**
	E J'ai eu du mal à m'adapter.
4 Giorgio [ ] [ ] *[2 points]*	F Je suis bien content d'apprendre à me débrouiller seul.
	G J'adore la cuisine libanaise.
	H Les endroits où on peut s'amuser sont rares.
	I Les gens d'ici ressemblent à ceux de mon pays.
	J Les gens parlent facilement de politique et de religion.
	K J'espère avoir l'occasion de revenir au Liban un jour !
	L Les parents libanais laissent beaucoup de liberté à leurs enfants.
	M On fait très attention à l'environnement au Liban.

① Comprenez-vous ce que vous devez faire ? L'exemple peut vous aider. Si vous ne trouvez pas, passez à la question suivante, puis revenez en arrière si nécessaire. Vous aurez ainsi éliminé certaines possibilités et il sera plus facile de trouver la bonne réponse.

TEXTE B – CRÉER SON BLOG... OUI, MAIS ATTENTION !

Les questions 5 à 9 se réfèrent au paragraphe 1. Ajoutez les mots qui manquent dans ce résumé en les choisissant dans la liste proposée ci-dessous. **2**

Si tu veux mettre la *[- X -]* d'un prof, d'un copain ou de ta petite sœur sur ton blog, il faut que tu fasses très attention. La loi interdit en effet de [- 5 -] **3** la photo d'une personne sans avoir obtenu sa [- 6 -] **4**. Cela s'appelle le droit à l'image. De plus, il est utile de savoir que dans de nombreux [- 7 -] **5**, le règlement intérieur interdit de prendre des photos. La [- 8 -] **6** façon d'obtenir l'accord des personnes qui n'aiment pas être prises en photo, c'est de d'abord leur demander si cela ne les dérange pas. Elles [- 9 -] **7** ainsi que tu les respectes.

BLOGS	PAGE WEB	PROTÉGER
ÉTABLISSEMENTS SCOLAIRES	PERMISSION	RÉGLEMENTATION
MEILLEURE	***PHOTO***	SERONT
METTRE EN LIGNE	PIRE	SENTIRONT

Exemple : [- X -] photo

5 ....

6 ....

7 ....

8 ....

9 ....

Indiquez dans la case la lettre qui correspond à la réponse correcte.

10 La phrase « tout le monde me tombe dessus » (paragraphe 2) signifie... **8**

    A   tout le monde me critique.

    B   tout le monde admire mon travail.

    C   tout le monde est amoureux de moi.

    D   tout le monde lit mon blog.

2 Lisez attentivement le 1er paragraphe du texte. Soulignez les mots-clés. Utilisez vos connaissances grammaticales. Relisez le paragraphe une fois tous les mots ajoutés. Est-il logique ? Correspond-il au texte ?

3 Vous cherchez un verbe. Comment l'identifier ?

4 Vous cherchez un nom. Masculin ou féminin ? Singulier ou pluriel ?

5 Vous cherchez un nom. Masculin ou féminin ? Singulier ou pluriel ?

6 Vous cherchez un adjectif. Masculin ou féminin ? Singulier ou pluriel ?

7 Vous cherchez un verbe. Comment l'identifier ?

8 Utilisez le contexte pour voir si les options proposées sont logiques.

Les affirmations suivantes, basées sur le paragraphe 2, sont soit vraies, soit fausses. Cochez [✔] la réponse correcte. Justifiez votre réponse par des mots du texte. Les deux parties de la réponse sont requises pour l'obtention d'un point. **9**

	VRAI	FAUX
Exemple : Ce que tu publies sur un blog peut causer un préjudice à quelqu'un.	✔	☐

Justification : ce que tu as publié a pu faire du tort à quelqu'un

	VRAI	FAUX
11 Sur un blog, il y a des limites à la liberté d'expression.	☐	☐

Justification :...

12 L'auteur du blog est seulement responsable de ses propres articles. ☐ ☐

Justification :...

13 Il est souhaitable de lire attentivement les conditions d'utilisation du blog. ☐ ☐

Justification :...

14 Pour éviter les problèmes, tu peux toujours dire que tu ne connaissais pas les conditions d'utilisation du blog. ☐ ☐

Justification :...

Répondez aux questions suivantes.

15 Le paragraphe 3 mentionne différents comportements punis par la loi. Citez celui qui correspond à chacune des définitions.

[4 points]

Exemple :
Encourager le racisme **inciter à la haine raciale**

a) Publication de renseignements personnels sans autorisation   ....

b) Accusation sans preuve   ....

c) Répandre une rumeur   ....

d) Parole offensante   ....

16 Selon le paragraphe 3, que risque-t-il d'arriver si tu es déclaré(e) coupable d'un de ces délits ? **10**

....

9 1. N'oubliez pas de cocher la case ET de fournir une justification (même quand l'affirmation est vraie).
2. Ne répondez pas avec vos propres mots. Recopiez des mots du texte.
3. Comparez votre réponse avec celle du barème. Est-elle trop longue ? Trop courte ? Il est important de fournir une justification précise (= pas trop longue) et complète (= pas trop courte).

10 Rappelez-vous : il n'est pas recommandé de répondre par une phrase complète. Vous gagnerez ainsi du temps.

TEXTE C – LES COSMÉTIQUES BIO

Indiquez dans la case la lettre qui correspond à la réponse correcte.

17 La phrase « les produits de beauté bio envahissent les rayons »
(paragraphe 1) signifie que les produits de beauté bio…

    A   sont de plus en plus populaires.

    B   sont d'une qualité supérieure aux autres.

    C   sont contaminés.

    D   rendent la peau plus lumineuse.

En vous basant sur le paragraphe 2, **11** *répondez aux questions suivantes.*

18 Sur quels produits l'étiquette « biologique » est-elle d'abord apparue ?

    ……………………………………………………………………

19 Normalement, que signifie l'étiquette « biologique » ?

    ……………………………………………………………………

20 Quelle expression **12** signifie « mangent » ?

    ……………………………………………………………………

21 Quel mot **13** signifie « maintenant » ?

    ……………………………………………………………………

En vous basant sur le paragraphe 3, reliez chaque début de phrase à la fin correspondante. **14**

Exemple : Pour savoir si un produit est « bio »… `F`	A est strictement réglementé.
	B la plupart contenaient des quantités massives de produits de synthèse.
22 En France, l'usage du terme « bio » en cosmétique…	C on peut se fier aux étiquettes.
	D afin de s'amuser.
	E n'est pas réglementé.
23 Des fabricants utilisent le marketing…	***F on ne peut pas faire confiance aux étiquettes.***
24 Sur 47 produits testés,…	G pour faire croire à la nature « bio » de leurs produits.
	H six n'étaient pas vraiment « bio ».

11 Ne cherchez pas de réponse au-delà du paragraphe 2.

12 1. Rappel : une expression = plusieurs mots.
2. Utilisez vos connaissances grammaticales : ici « mangent » est un verbe à la 3ᵉ personne du pluriel au présent.

13 Limitez-vous à un seul mot !

14 1. Servez-vous de vos connaissances grammaticales pour limiter le nombre de possibilités.
2. N'oubliez pas de relire le texte pour voir si votre réponse y correspond.

Ajoutez les mots qui manquent dans les paragraphes 4 et 5 en les choisissant dans la liste proposée ci-dessous. **15**

AINSI QUE	CONTRAIREMENT À	GRÂCE À
ALORS	DE MANIÈRE À	TANDIS QUE
CAR	DU MOINS	VU QU'

Exemple : [- X -] *car*

25 …………………………………..

26 …………………………………..

27 …………………………………..

28 …………………………………..

TEXTE D – « LA CABANE DES GRANDS-PARENTS » : UN PHOTOGRAPHE SILLONNE LE MONDE POUR RACONTER LES ANCIENS

Indiquez dans la case la lettre qui correspond à la réponse correcte.

29 Selon le paragraphe 1, Nicolas Henry…

  A prend des photos pour illustrer des contes anciens du monde entier.

  B est un artiste polynésien qui prend des photos des familles locales.

  C vend des photos pour financer la construction de maisons pour les personnes âgées.

  D voyage à travers le monde pour prendre des personnes âgées en photo et les interviewer.

Répondez aux questions suivantes.

30 Quelle expression **16** du paragraphe 2 signifie « était important pour lui » ?

  ………………………………………………………………………

31 Selon le paragraphe 2, avec quoi les personnes âgées sont-elles photographiées ?

  ………………………………………………………………………

32 Selon le paragraphe 3, quelle difficulté Nicolas Henry a-t-il rencontrée en Polynésie ?

  ………………………………………………………………………

15 Que signifient ces mots ? Quelle relation logique expriment-ils ? Il est encore temps de les réviser… Référez-vous à la page 90.

16 Rappel : une expression = plusieurs mots

49

Complétez le tableau suivant en indiquant à qui ou à quoi se réfèrent les mots soulignés. Tous les mots se trouvent dans le paragraphe 5. **17**

17 Vous devez remplacer les mots soulignés par un autre mot du texte.

Dans la phrase…	le(s) mot(s)…	se réfère(nt) à…
Exemple ? j'ai été dans une région de Laponie	*« j' »*	........*Nicolas Henry*.........
33 À <u>la leur</u>, il y avait beaucoup moins de choses	« la leur »	....
34 <u>ils</u> appréciaient ce qu'ils avaient	« ils »	....

Reliez chacun des mots du paragraphe 6 figurant dans la colonne de gauche avec son équivalent qui se trouve dans la colonne de droite. **18**

18 1. Ne paniquez pas si vous ne connaissez pas les mots de la colonne de gauche. C'est normal ! Les questions sont là pour vous aider à les comprendre.
2. Servez-vous de vos connaissances grammaticales pour limiter les possibilités.
3. Très important : vérifiez si l'équivalent choisi est logique dans le contexte.

Exemple : pérégrinations L

35 saisissant

36 clichés

37 renommées

38 envisage

39 décennies

A   stéréotypes
B   célèbres
C   critiquées
D   dizaines d'années
E   enlève
F   mauvais
G   photos
H   problèmes
I   projette
J   régions
K   surprenant
L   *voyages*

Épreuve 1 niveau supérieur : exemple 1

Les textes

TEXTE A

Ces lycéens en classe touriste

(1) L'Éducation nationale s'inquiète de la hausse des absences dans le secondaire. Témoignage d'un lycéen.

(2) **Alexandre, 19 ans**

« J'ai séché en première et en terminale. Pourtant, quand ça a commencé, j'étais très critique sur les gens qui sèchent : je trouvais ça inadmissible. Et puis, un jour, ça m'a pris. Je venais de rompre avec une fille que j'aimais, et je me suis mis à pleurer en classe. À partir de là, les cours ont commencé à m'emmerder. Au début, je séchais tout seul, j'allais au café. Puis un pote m'a accompagné, on se baladait, on allait voir d'autres copains. Pour contourner les parents, je me levais à 7 heures comme d'hab, comme si je partais au lycée.

(3) Quand on passe une journée dehors, on a besoin d'argent. Ne serait-ce que pour déjeuner. Alors je rentrais au bahut en loucedé[1], je me faufilais à la cantine. Un jour, je me suis fait coincer. Dans son bureau, la CPE[2] m'a dit : « Alors, tu crois que t'es plus fort que nous ? » J'imitais la signature de mes parents. Le bahut a téléphoné chez eux : « Vous savez où est Alexandre ? Il est malade ? Nous, ça fait trois semaines qu'on ne l'a pas vu… » C'était chaud. J'étais pas fier. On était à deux mois du bac. Malgré tout, côté résultats, j'ai jamais perdu pied. Je misais sur mes matières préférées pour sauver ma moyenne. J'ai toujours été une bête en langues : italien, anglais, espagnol. J'ai eu mon bac, sans même aller au rattrapage. »

Extrait d'un reportage de Véronique Soulé et Marie-Joëlle Gros dans *Libération*, 9 décembre 2009

---

[1] je rentrais au bahut en loucedé (fam.) : je rentrais au lycée en cachette
[2] CPE : conseillère principale d'éducation

*Orpailleur** : un film en or pour la Guyane

Le premier long métrage de Marc Barrat tourné sur ses terres natales

Orpailleur, c'est l'histoire de Rod, interprété par Tony Mpoudja, un jeune « négropolitain » qui revient dans la Guyane de son enfance pour l'enterrement de son frère. Accompagné de son ami Gonz (Julien Courbet dans le film), il va y découvrir à travers l'histoire de sa famille le milieu des chercheurs d'or, un monde fait de violences, de trafics en tout genre et de travailleurs clandestins venus du Brésil, mais aussi une forêt et un fleuve « blessés » par cette activité qui rend les gens fous. Le film, bien accueilli en Guyane avec 17 000 entrées depuis février, est diffusé à partir d'aujourd'hui dans une quinzaine de salles en France.

« Un film d'aventure intimiste »

Pour son premier long métrage, le réalisateur et scénariste du film, Marc Barrat, a voulu revenir sur un thème qui lui est cher, celui du retour aux sources qui se passe mal. Le film traite aussi de la forêt en mauvais état à cause de la pollution provoquée par l'orpaillage. Il est difficile de mettre cette œuvre dans une seule case : pour le réalisateur c'est « un film hybride, un film d'aventure intimiste » avec pour trame de fond l'environnement.

Le long métrage est intimiste pour d'autres raisons. Faire accepter un premier film joué en majorité par des acteurs noirs dans un territoire d'outre-mer n'a pas été chose facile. Les 3,2 millions d'euros de budget de départ se sont réduits à 2,5 millions. Le film en 35 mm, cette coûteuse pellicule difficilement remplaçable pour conserver la magie des lumières naturelles, a été tourné en 35 jours. À l'écran, rien n'y paraît. Des décors grandioses, un casting savoureux d'acteurs justes et intenses, une histoire qui tient la route malgré quelques incohérences, et qui nous plonge au fur et à mesure de l'intrigue au cœur de cette nature mystérieuse et fragile.

Même si par souci d'évoquer l'exploitation mondiale du marché de l'or, le film présente les orpailleurs comme des colons blancs venus piller la Guyane et fait donc fait quelques raccourcis sur l'exploitation des clandestins (souvent exploités par les Brésiliens eux-mêmes en réalité), il n'en reste pas moins un vibrant hommage aux terres natales du réalisateur.

Pour finir, mention spéciale à Julien Courbet qui joue de son image comique au début de l'histoire pour revêtir dans la 2e partie un rôle plus dramatique qui lui va tout aussi bien. Et à l'acteur principal Tony Mpoudja, qui par son charisme et la fraîcheur de son jeu fait gagner le film en intensité. On est en colère avec lui et l'on souffre avec lui lorsqu'il découvre comme dans un rêve les côtés sombres de la nature humaine.

D'après un article de Joakim Afoutni sur le site www.afrik.com, 16 juin 2010

*Orpailleur : chercheur d'or

TEXTE C

Photoshop sème la zizanie dans la photo de

(1) Un nouveau cas de « fauxtographie » a frappé, en mars, le *World Press*, la plus prestigieuse distinction du photojournalisme au monde : Stepan Rudik, un lauréat dans la catégorie sport, était disqualifié pour avoir effacé, grâce au logiciel Photoshop, un pied dans l'arrière-plan d'une de ses photos. Retouche mineure. *« Au World Press, les règles de la profession concernant Photoshop s'appliquent,* répond Ayperi Ecer, présidente du jury. *On ne peut pas enlever un objet de l'image, quel qu'il soit. »*

(2) Le cas Rudik illustre bien les problèmes auxquels est confronté le photojournalisme depuis l'apparition des logiciels de retouche d'images qui sont accessibles à tous, via l'ordinateur : quelques clics et vous modifiez le contraste, la lumière, les couleurs. Et s'il est aisé de déceler un objet ajouté ou retranché, il est bien plus compliqué de cerner, dans le cas d'un ciel bleu fluo, d'une lumière théâtrale, où commence la manipulation.

(3) *[- X -]* chez les photoreporters, les images aux couleurs éclatantes sont devenues légion. *« Il y a une nouvelle génération qui fabrique les photos qu'elle aimerait voir [- 21 -] rapporter la réalité,* confirme Ayperi Ecer. *Sur les 100 000 photos examinées au World Press, environ 20 % sont exclues d'office [- 22 -] elles sont trop photoshoppées. »*

(4) Ce débat sera abordé au festival Visa pour l'image, à Perpignan, qui s'ouvre samedi 28 août. Son directeur, Jean-François Leroy, est vent debout contre l'abus de Photoshop. *« Les photographes travaillent pour l'écran, en inventant des couleurs que les imprimantes sont incapables de reproduire sur du papier ! [- 23 -] les photos sont plus colorées que les publicités, on peut se poser des questions ! On est très loin de la réalité. »* À partir de l'année prochaine, M. Leroy demandera aux photographes, avant de les exposer, leurs fichiers informatiques bruts et originaux, [- 24 -] les comparer avec les tirages.

(5) Le photographe Philip Blenkinsop est furieux quand il voit les couleurs splendides dans les magazines. *« Ceux qui sont allés dans un camp de réfugiés savent que tout y est terne, délavé par le soleil. Il n'y a pas de couleur fluo. Quand la photo en montre, c'est un mensonge. C'est une insulte pour les réfugiés ! C'est comme si on leur disait que leur vie misérable n'est pas assez intéressante. »* Ce photographe, qui utilise l'argentique*, ne s'autorise que des retouches mineures. *« Une teinte vive est une excuse pour une photo qui n'est pas assez forte en soi. Résultat, toutes les photos se ressemblent : colorées, ennuyeuses. »*

(6) Le paysage est si brouillé qu'il devient impossible de fixer la frontière entre la créativité du reporter et la manipulation de l'artiste. D'autant qu'une bonne part des acteurs du photojournalisme reconnaît que la retouche, en soi, n'est pas dommageable. Bien avant l'apparition du numérique, les reporters travaillaient leurs images dans la chambre noire pour corriger les défauts – éclairer les zones sous-exposées – ou leur donner du relief. De nombreuses voix rappellent que toute prise de vue, en soi, est une représentation, et non un morceau de réel. Beaucoup de facteurs a priori techniques jouent leur rôle : le noir et blanc n'existe pas dans la réalité. Le flou, le flash, le contre-jour, ne sont pas plus « réalistes ».

(7) En attendant, le débat sur Photoshop favorise la suspicion. Le photographe Kadir Van Lohuizen en témoigne : *« Récemment, on m'a demandé comment j'avais obtenu une lumière qui venait par-derrière ; c'était une voiture qui avait allumé ses phares. Mais je passe plus de temps à justifier mes images qu'à parler du fond. »*

D'après un article de Claire Guillot dans *Le Monde*, 29 août 2010

---

* argentique : processus classique de photographie sur pellicule (par opposition à la photographie numérique)

Balade sur les hauteurs de Port-au-Prince

(1) *Le narrateur est revenu dans son pays natal, Haïti, après 33 ans d'exil.*

J'aime bien grimper sur la montagne, tôt le matin, pour voir de près ces luxueuses villas si éloignées l'une de l'autre. Pas âme qui vive dans les environs. Pas de bruit, sauf celui du vent dans les feuilles. Dans une ville aussi populeuse c'est l'espace dont vous disposez pour vivre
5 qui vous définit. J'ai découvert au hasard de mes promenades que ces vastes domaines ne sont habités que par des domestiques. Les propriétaires résident à New York, Berlin, Paris, Milan ou même Tokyo. Comme du temps de l'esclavage où les vrais maîtres de Saint-Domingue vivaient à Bordeaux, Nantes, La Rochelle ou Paris.

Ils ont construit ces maisons en espérant que leurs enfants qui étudient à l'étranger reviennent
(2) prendre en main les affaires familiales. Comme ces derniers refusent de
10 retourner dans un pays plongé dans les ténèbres, ce sont les parents qui se rapprochent d'eux en allant s'installer dans des métropoles où on trouve un musée, un restaurant, une librairie ou un théâtre à chaque coin de rue. L'argent ramassé dans la boue de Port-au-Prince se dépense chez Bocuse[1] ou à la Scala[2]. Les villas sont finalement louées à prix d'or à des cadres
15 des organismes internationaux à but non lucratif pourtant chargés de sortir le pays de la misère et de la surpopulation.

Ces envoyés des organismes humanitaires arrivent à Port-au-Prince toujours pleins de bonnes
(3) intentions. Des missionnaires laïques qui vous regardent droit dans les yeux tout en vous débitant leur programme de charité chrétienne. Ils se répandent dans les médias à propos
20 des changements qu'ils comptent apporter pour soulager la misère des pauvres gens. Le temps de faire un petit tour des bidonvilles et des ministères pour prendre le pouls de la situation. Ils comprennent si vite les règles du jeu (se faire servir par une nuée de domestiques et glisser dans leur grande poche une partie du budget alloué au projet qu'ils pilotent) qu'on se demande s'ils n'ont pas ça dans le sang – un atavisme[3] de colon. Leur parade quand on leur remet sous
25 le nez leur projet initial, c'est qu'Haïti est inapte au changement. Pourtant ils continuent dans la presse internationale à dénoncer la corruption dans ce pays. Tous les journalistes de passage savent bien qu'il faut passer prendre un verre près de leur piscine pour avoir cette information solide venant de gens objectifs et honnêtes – les Haïtiens, on le sait, ne sont pas fiables. Ces journalistes ne se demandent jamais comment il se fait que ces gens vivent dans des villas
30 pareilles quand ils se disent ici pour aider les damnés de la terre à s'en sortir.

Dany Laferrière, *L'énigme du retour*, Éditions Grasset & Fasquelle, 2009

[1] Bocuse : grand chef cuisinier français
[2] la Scala : salle d'opéra à Milan
[3] atavisme : hérédité

TEXTE E

Modernes migrations

Hervé Le Bras, Directeur d'études à l'École des hautes études en sciences sociales

(1) L'opinion publique conserve des représentations vieilles de plusieurs dizaines d'années pour évaluer les faits présents, et la télévision entretient cet anachronisme. L'affaire est particulièrement nette dans le cas de l'immigration irrégulière. À voir sur les écrans les terribles images d'Africains hâves et déguenillés[1] arrivant sur d'improbables esquifs[2] aux îles Canaries, on pense que le migrant est un pauvre parmi les pauvres, un analphabète sorti de sa campagne arriérée, pour chercher à l'étranger de quoi faire subsister sa nombreuse famille.

Les études rassemblées par l'observatoire des migrations euro-méditerranéennes (Carim)
(2) à l'institut universitaire européen de Florence aboutissent à l'image exactement inverse : la majorité des migrants en transit vers l'Europe viennent des villes et non des campagnes. Plus des deux tiers ont déjà exercé un emploi. Leur niveau de formation est élevé, par rapport à leur pays d'origine mais aussi par rapport à la France. Selon les pays du sud et de l'est de la Méditerranée où une enquête a pu être menée, de 40 % à 50 % d'entre eux ont terminé leurs études secondaires et de 10 % à 20 % ont passé au moins deux ans à l'université (en France, 60 % des jeunes chômeurs n'ont pas le bac). Enfin, ils se déplacent sans leur famille, sont le plus souvent

célibataires et peu disposés à engendrer une descendance nombreuse (la fécondité est maintenant de 2 enfants par femme en Tunisie et en Iran, de 2,3 au Maroc).

Sélection à l'entrée

(3) L'enquête menée au début de la décennie par Smaïn Laacher auprès des irréguliers du camp de Sangatte accentue encore ces traits : 80 % de célibataires, 60 % niveau bac ou supérieur au bac, tous parlent couramment une langue étrangère à la leur. Ceux qui ont réussi à entrer en France sont ainsi encore plus sélectionnés que ceux qui sont à ses portes, ce qui est logique car le passage exige de la compétence.

(4) Si j'étais un chef d'entreprise, j'estimerais que ces migrants constituent une main d'œuvre remarquable ; mais impossible de les engager car ils sont en situation irrégulière. Le libéralisme tant vanté dans l'entreprise s'arrête à la porte de la migration : pas de libéralisme pour les déplacements humains est la doctrine unanime des États qui se disent libéraux. Circulation des marchandises, oui, circulation des hommes, non. C'est vraisemblablement pour justifier cette énorme incohérence que la télévision entretient dans l'opinion une image passéiste, misérabiliste et inquiétante de la migration.

La Recherche, No. 429, avril 2009

---

[1] hâves et déguenillés : amaigris et mal vêtus
[2] improbables esquifs : petits bateaux fragiles

Les questions

Il y a plusieurs questions sur chaque texte. Le barème de notation pour ces questions se trouve sur le site web.

TEXTE A – CES LYCÉENS EN CLASSE TOURISTE

Répondez à la question suivante.

1 Selon le paragraphe 1, quel phénomène est de plus en plus fréquent dans les lycées français ?

....

Ajoutez les mots qui manquent dans le résumé du paragraphe 2 en les choisissant dans la liste proposée ci-dessous.

C'est suite à un chagrin d' [- **X** -] qu'Alexandre s'est d'abord absenté du [- **2** -]. Auparavant, il pensait que ce genre de [- **3** -] était inacceptable. Un jour, il a commencé à pleurer en classe et puis, peu à peu, il a perdu tout [- **4** -] pour ses cours. Les premiers temps, il passait ses [- **5** -] seul dans un café. Ensuite, un de ses [- **6** -] est venu avec lui et ils se promenaient ensemble au lieu d'aller en classe. Afin que ses parents ne se doutent de rien, il gardait les mêmes [- **7** -] et faisait semblant d'aller au lycée.

AMITIÉ	HABITUDES	SÉCHERESSE
AMOUR	INTÉRÊT	SOIRÉES
COMPORTEMENT	JOURNÉES	TRAVAIL
COPAINS	LYCÉE	VÊTEMENTS
ESPOIR	PROFESSEURS	

Exemple : [- X -] amour

2 ....   **5** ....

3 ....   **6** ....

4 ....   **7** ....

8 Comment Alexandre a-t-il réussi à surmonter les difficultés causées par ses absences ? Donnez **un** exemple.

....

En vous basant sur le paragraphe 3, répondez aux questions suivantes ou indiquez dans la case la lettre qui correspond à la réponse correcte.

9 L'expression « c'était chaud » signifie…

    A   l'été venait de commencer.

    B   la situation était tendue.

    C   mon comportement était déplorable.

    D   l'atmosphère était chaleureuse.

10 Comment l'année scolaire s'est-elle terminée pour Alexandre ?

    A   Il a échoué au baccalauréat.

    B   Il a obtenu son diplôme malgré ses mauvais résultats en langues.

    C   Il a obtenu son diplôme grâce à ses bons résultats en langues.

    D   Il a obtenu son diplôme à sa deuxième tentative.

TEXTE B – ORPAILLEUR : UN FILM EN OR POUR LA GUYANE

En vous basant sur la 1ère partie du texte, répondez aux questions suivantes.

11   Où est né le réalisateur du film « Orpailleur » ?

....

12   À qui ou à quoi se réfère « y » dans « il va y découvrir » ?

....

13   Citez **trois** des problèmes liés au milieu des chercheurs d'or en Guyane. *[3 points]*

   a)   ....

   b)   ....

   c)   ....

14   Quel aspect du film illustre les préoccupations environnementales du réalisateur ?

....

En vous basant sur la 2ᵉ partie du texte, reliez chaque début de phrase à la fin correspondante.

Exemple : Les producteurs ne pensaient pas qu'un film…	**I**	**A** aurait pu apporter un peu plus d'intensité au film.
		B intimiste serait très populaire.
		C sont exploités par les Brésiliens.
15 Pour respecter le budget réduit,…	☐	**D** le tournage a été limité à 35 jours.
		E on a dû renoncer à la coûteuse pellicule 35 mm.
16 Quand on regarde le film,…	☐	**F** on constate que les coupures de budget ont rendu l'histoire incohérente.
17 Dans le film, l'or de la Guyane et les travailleurs clandestins…	☐	**G** on ne devine pas qu'il a été tourné avec un budget réduit.
		H permet au spectateur de bien comprendre les émotions de son personnage.
18 Le jeu de l'acteur principal…	☐	***I*** ***se déroulant en Guyane attirerait beaucoup de spectateurs.***
		J sont exploités par les colons blancs.

TEXTE C – PHOTOSHOP SÈME LA ZIZANIE DANS LA PHOTO DE PRESSE

Répondez à la question suivante.

19 Selon le paragraphe 1, pourquoi Stepan Rudik a-t-il été disqualifié de la compétition de photojournalisme du *World Press* ?

....

Indiquez dans la case la lettre qui correspond à la réponse correcte.

20 L'idée principale du paragraphe 2 est…

    A   que les logiciels de retouche d'images rendent le photojournalisme accessible à tous.

    B   que les logiciels de retouche d'images permettent de voir si un objet a été ajouté à une photo.

    C   qu'il n'est pas toujours facile de voir quels changements ont été apportés à l'aide de Photoshop.

    D   qu'un ciel bleu fluo et une lumière théâtrale sont forcément des manipulations créées par Photoshop.

Ajoutez les mots qui manquent dans les paragraphes 3 et 4 en les choisissant dans la liste proposée ci-dessous.

À CAUSE DE	GRÂCE À	**OR**
AFIN DE	LORSQUE	POURVU QUE
AU LIEU DE	MALGRÉ	
CAR	MÊME SI	

Exemple : [- X -]   or

21 ....   **23** ....

22 ....   **24** ....

Complétez le tableau suivant en indiquant à qui ou à quoi se réfèrent les mots soulignés. Tous les mots se trouvent dans le paragraphe 5.

Dans la phrase…	le mot…	se réfère à…
Exemple : quand <u>il</u> voit les couleurs splendides dans les magazines	« *il* »	....................*Philip Blenkinsop*............................
25 tout <u>y</u> est terne	« y »	....
26 Quand la photo <u>en</u> montre	« en »	....
27 C'est comme si on <u>leur</u> disait	« leur »	....

En vous basant sur le paragraphe 6, répondez aux questions suivantes.

28 Quelle opinion beaucoup de photojournalistes partagent-ils au sujet de la retouche ?

....

29 Citez les deux arguments qui soutiennent cette opinion.   *[2 points]*

a) ....

b) ....

Indiquez dans la case la lettre qui correspond à la réponse correcte.

30 L'idée principale du paragraphe 7 est…

A qu'on soupçonne les photographes d'empêcher le débat sur Photoshop.

B que Photoshop permet de créer des effets spéciaux.

C qu'il y a parfois des occasions où l'emploi de Photoshop est tout à fait justifié.

D que l'attention se porte souvent sur la technique photographique plutôt que sur le message de la photo.

31 Le titre de cet article signifie que…

A Photoshop provoque la controverse dans la photo de presse.

B Photoshop masque les défauts dans la photo de presse.

C Photoshop stimule l'imagination dans la photo de presse.

D Photoshop rencontre un accueil favorable dans la photo de presse.

TEXTE D – BALADE SUR LES HAUTEURS DE PORT-AU-PRINCE

Répondez aux questions suivantes ou indiquez dans la case la lettre qui correspond à la réponse correcte.

32 Quelle phrase du paragraphe 1 indique que le narrateur ne rencontre personne au cours de ses promenades sur la montagne ?

....

33 La phrase « Dans une ville aussi populeuse c'est l'espace dont vous disposez pour vivre qui vous définit » *(lignes 3 à 4)* signifie…

A que les habitants de Port-au-Prince vivent dans des maisons spacieuses.

B que la population de Port-au-Prince est habituée à vivre dans un espace réduit.

C qu'à Port-au-Prince l'espace de chacun est mal défini.

D que la ville de Port-au-Prince est si peuplée qu'avoir de l'espace pour vivre y est un privilège.

34 Selon le narrateur, qui habite dans les luxueuses villas de Port-au-Prince ?

....

35 Quelle similarité le narrateur voit-il entre l'époque actuelle et le temps de l'esclavage ?

....

36 À qui ou à quoi se réfère « ils » dans « ils ont construit ces maisons » *(ligne 8)* ?

....

37 À qui ou à quoi se réfère « ces derniers » dans « ces derniers refusent » *(ligne 9)* ?

....

38 Quelle expression du paragraphe 2 désigne Haïti ?

....

39 En juxtaposant « l'argent ramassé dans la boue de Port-au-Prince », les repas chez Bocuse et la Scala *(lignes 12 à 13)*, le narrateur…

    A   fait un portrait flatteur de l'élite haïtienne.

    B   met en relief les inégalités qui existent dans la société haïtienne.

    C   dénonce la saleté de la ville.

    D   montre que les riches Haïtiens n'oublient jamais leur pays natal.

40 Quel mot du paragraphe 2 indique que le narrateur voit une contradiction entre les conditions de vie des envoyés humanitaires et leur mission ?

....

Reliez chacun(e) des mots ou expressions du texte figurant dans la colonne de gauche avec son équivalent qui se trouve dans la colonne de droite.

Exemple : laïques *(ligne 17)* `G`	A chrétiens
	B dénoncer
	C enlevant
41 débitant *(ligne 18)*	D évaluer
	E minorité
42 se répandent *(ligne 18)*	F multitude
	G non religieux
43 soulager *(ligne 19)*	H profiter de
	I quartiers misérables
44 bidonvilles *(ligne 20)*	J récitant
	K réduire
45 prendre le pouls de *(lignes 20 à 21)*	L s'expriment
	M s'interrogent
46 nuée *(ligne 21)*	N villes étrangères

Répondez aux questions suivantes ou indiquez dans la case la lettre qui correspond à la réponse correcte.

47 Selon le narrateur, les envoyés humanitaires…

    A   sont motivés par leur idéalisme tout au long de leur séjour en Haïti.

    B   comprennent rapidement comment ils peuvent aider les Haïtiens.

    C   sont incapables de gérer un budget.

    D   reproduisent naturellement le comportement des colons.

48 Quel argument les envoyés humanitaires invoquent-ils pour justifier leur mode de vie ?

....

49 Selon le narrateur, les journalistes étrangers…

    A passent trop de temps à la piscine de leur hôtel.

    B sont bien informés par des gens objectifs et honnêtes.

    C se méfient avec raison de l'information qu'ils obtiennent auprès des Haïtiens.

    D devraient remettre en question le mode de vie des envoyés humanitaires.

TEXTE E – MODERNES MIGRATIONS

50 Parmi les affirmations suivantes, **deux** sont vraies selon le paragraphe 1.
Indiquez les lettres correspondantes dans les cases.

[2 points]

A L'opinion publique au sujet de la télévision n'a pas changé depuis plusieurs dizaines d'années.

B Les images de l'immigration irrégulière que l'on voit à la télévision entretiennent des préjugés qui n'ont plus leur raison d'être.

C La télévision préfère ne pas montrer les terribles images d'Africains débarquant aux îles Canaries.

D La télévision donne l'impression que les migrants sont pauvres et peu éduqués.

E Les migrants quittent leur pays avec leur nombreuse famille.

Les affirmations suivantes, basées sur les paragraphes 2 et 3, sont soit vraies, soit fausses. Cochez [✔] la réponse correcte. Justifiez votre réponse par des mots du texte. Les deux parties de la réponse sont requises pour l'obtention d'un point.

	VRAI	FAUX
Exemple : La plupart des migrants en transit vers l'Europe sont originaires des villes.	✔	

Justification : la majorité des migrants en transit vers l'Europe viennent des villes.

51 La majorité des migrants ont une expérience de travail.

Justification : ....

52 La majorité des migrants sont peu scolarisés.

Justification : ....

53 Les migrants vont probablement avoir beaucoup d'enfants.

Justification : ....

54 La plupart des migrants sont unilingues.

Justification : ....

55 Parmi les affirmations suivantes, **deux** sont vraies selon le paragraphe 4.
Indiquez les lettres correspondantes dans les cases.

[2 points]

A Les migrants possèdent de nombreuses qualités recherchées par les chefs d'entreprise.

B Les migrants en situation irrégulière ont plus de chances d'obtenir un emploi.

C Il est absurde que les mêmes règles ne soient pas appliquées à la circulation des humains et à la circulation des marchandises.

D La télévision nous présente une image incohérente du passé.

E Il faut s'inquiéter de l'augmentation de l'immigration.

Épreuve 1 niveau supérieur : exemple 2

Les textes

TEXTE A

Tree Nation, un arbre sous le sapin*

Un site pour replanter la planète via des dons ou du shopping

Acacia senegal, 7 €   *Acacia sieberiana, 18 €*   *Adansonia digitata, 65 €*

(1) Culpabilité occidentale sur l'état de la planète et envie d'agir directement expliquent la démarche de *Tree Nation*, qui permet aux particuliers de planter des arbres. *Tree Nation* se présente comme une boutique en ligne sur laquelle on peut acheter des articles estampillés durables et verts. Mais, surtout, *Tree Nation*, c'est un genre de réseau social qui a pour but de lutter contre la pauvreté, la désertification, la déforestation et le changement climatique.

(2) Concrètement, la personne intéressée choisit sur une carte virtuelle un arbre et son emplacement. Ainsi, il en coûte 18 euros pour un acacia des savanes *(Acacia sieberiana)* ou 65 euros pour un baobab *(Adansonia digitata)*. En réalité, l'équipe, basée à Barcelone, concentre pour l'heure ses efforts sur deux projets de reboisement au Niger et au Nicaragua.

(3) Depuis peu, *Tree Nation* propose aux entreprises une carte de vœux électronique, avec un arbre planté par contact. « Grâce à tous les arbres offerts, votre forêt d'entreprise grandit ; une démarche innovante qui matérialise votre engagement auprès de vos clients, employés… et les implique dans une action commune. »

(4) Comment savoir si pour chaque arbre virtuel acheté, un arbre est effectivement planté ? Mais *Tree Nation* est officiellement parrainé par le Programme des Nations Unies pour l'environnement (PNUE).

Albertine Bourget, *Le Temps*, 10 décembre 2010, www.letemps.ch

---

* sous le sapin : lieu où l'on place traditionnellement les cadeaux de Noël

TEXTE B

DOCUMENTAIRE

Aurélie   Mélanie   Rachel   Thys   Xavier   Virginie   Jordann

Ces ados ont été filmés durant 7 ans

(1) Suivre sept adolescents durant sept ans et raconter leur histoire, le temps de quatre longs-métrages. Tel est le pari tenté par la réalisatrice genevoise Béatrice Bakhti avec « Romans d'ados ». Une expérience sociologique et cinématographique incomparable qui sort aujourd'hui sur les écrans.

(2) Ici donc, le spectateur est invité à entrer dans l'intimité d'Aurélie, Jordann, Mélanie, Rachel, Thys, Virginie et Xavier, des *kids* d'Yverdon-les-Bains qui viennent de fêter leur 12e anniversaire. Il les quittera six heures et quelque plus tard, après qu'ils ont tous franchi le cap des 18 ans.

(3)
Des doutes et des questions

Le tournage a démarré à l'automne 2002. « Au départ, sourit la réalisatrice, tout le monde était enthousiaste même s'il a fallu que chacun s'habitue à voir débarquer une équipe technique à son domicile... » Pourtant, un an plus tard, époque du second volet, les choses se sont compliquées : « Les jeunes ont émis quelques doutes sur le projet. Ensuite, entre 13 et 16 ans, ça les a vraiment saoulés, selon leurs propres termes. Certains parents voulaient prendre un peu de recul et les jeunes ne répondaient plus au téléphone lorsqu'on les contactait pour évoquer une prochaine période de tournage... »

(4) Mais la bande des sept n'était pas la seule à se poser des questions : « Lorsque, l'âge aidant, il a fallu aborder un domaine comme la sexualité, j'ai dû me forcer. Même si c'est incontournable à l'adolescence, ça n'était de loin pas le thème dont ils préféraient discuter face à la caméra ! C'est devenu encore plus dérangeant lorsque nous avons été mis au courant de choses que leurs parents ignoraient. »

(5) Aujourd'hui le résultat, monté à partir de plus de 400 heures de rush, touche en plein cœur. Rythmés par les saisons, les quatre volets de « Romans d'ados » racontent la difficulté de grandir à une époque où des fléaux aussi différents que le divorce, le chômage et la violence se chargent quotidiennement de piétiner les illusions. « Il est vrai que, par-delà le décor bucolique de ce coin de Suisse romande, ces jeunes vivent dans un univers hostile, difficile », admet la réalisatrice. « À leur âge, j'avais moi-même une vision du monde bien plus bon enfant, reprend Béatrice Bakhti. J'avais des idéaux. Eux n'en ont plus beaucoup [- X -] la réalité leur rappelle régulièrement qu'il est dangereux de rêver. On voit dans le film les ravages du divorce sur plusieurs de ces jeunes. Ils sont conscients de la difficulté qu'il y a à fonder une famille [- 17 -] une fois sur deux l'affaire se solde par une séparation... » On lui demande [- 18 -] quel lien elle va garder avec ces filles et ces garçons dont elle a partagé les secrets durant sept ans et la réponse fuse sur un ton ému : « Je vais désormais les laisser vivre leur vie. [- 19 -] ils vont me manquer. »

« Romans d'ados, 1 & 2 »

« La fin de l'innocence », « La crise »

Dans les salles à Genève et Lausanne

« Romans d'ados, 3 & 4 »

« Les illusions perdues », « Adultes mais pas trop... »

Sortie à Genève et à Lausanne le 23 juin, prochainement dans le reste de la Suisse romande

---

D'après un article de Jean-Philippe Bernard dans *Le Matin*, 8 juin 2010

« J'ai fait partie des imbéciles qui ont cru au mirage de l'Internet »

(1) Le chanteur Jean-Louis Murat accuse, dans un entretien au *Monde*, le Web de tuer le disque, d'autoriser le vol et l'hypocrisie

(2) *Auteur-compositeur-interprète, vous appartenez à V2, maison de disques indépendante, qui ferme ses portes après son rachat par Universal Music. Qu'en pensez-vous ?*

(3) Les gros mangent les petits, c'est le capitalisme. À chaque rachat ou fermeture d'une maison de disques, des gens brillants sont broyés. Et les internautes crient hourra ! J'affirme que la crise du disque est un leurre, elle n'existe pas : l'offre est intacte, la demande croissante. Mais chaque nuit, dans les hangars de la musique, la moitié du stock est volée !

(4) Des gamins stockent 10 000 chansons sur l'ordinateur familial, après les avoir piquées sur le Net. La société, des députés, des sénateurs trouvent cela vertueux ! Or c'est un problème moral : tu ne voleras point, apprend-on à nos enfants. En outre, ces rapines via le Net s'effectuent dans l'anonymat. Le Web rend les gens hypocrites, il incite à prendre des pseudonymes. C'est un monde de délation, intoxiqué de spams et de pubs.

(5) *Pourquoi les musiciens et chanteurs ne prennent-ils pas plus fermement position comme vous le faites ?*

(6) Chez les artistes règne l'omerta[1]. Dès qu'ils dénoncent les pratiques de voyou sur Internet, ils sont attaqués par des petits groupes d'internautes ; ceux-ci s'y mettent à une dizaine, se font un plaisir de mettre la totalité de la discographie de l'artiste à disposition gratuitement, partout, dernier album compris. Ils sont sans visage. Les Arctic Monkeys, en Grande-Bretagne, ont eu recours à des shérifs du Net après s'être fait connaître sur le Web, et les internautes britanniques sont en train de leur faire la peau[2], au nom de la liberté. Mais quelle liberté veut-on ? Celle de se goinfrer[3] ? Avec des gens qui ont 20 000 titres sur leur disque dur et ne les écoutent jamais ?

(7) Cette conception ultra-libéraliste, qui est au-delà de tout système politique, se résume à peu : la goinfrerie. Internet favorise cela : toujours plus de sensations, toujours plus de voyages, toujours plus de ceci, de cela…

(8) *Vous avez été pourtant l'un des premiers artistes français à ouvrir un site Internet en 1998 et à y proposer des chansons, des échanges, des liens, des images. N'est-ce pas contradictoire ?*

(9) Tous les acteurs de la musique sont tombés dans le fantasme de la modernité à ce moment-là. Les patrons de maisons de disques ne juraient que par le Net sans pour autant comprendre de quoi il s'agissait. Au début, je mettais environ une chanson inédite par semaine à disposition sur mon site, gratuitement. Puis j'ai arrêté. Ces titres étaient téléchargés sans un merci, sans un bonjour, et éventuellement revendus sous forme de compilations payantes dans des conventions de disques. J'ai fait partie des imbéciles qui ont cru aux mirages de l'Internet, et de ce fait à la bonté naturelle de l'homme, à l'échange communautaire.

(10) L'homme a travaillé le fer pas seulement pour les charrues, mais aussi pour les épées, idem avec les atomes et le Net.

D'après une interview de Véronique Mortaigne dans *Le Monde*, 19 novembre 2007

---

[1] omerta : loi du silence
[2] leur faire la peau : les attaquer
[3] se goinfrer : consommer avec excès

TEXTE D

Le camp de réfugiés

À l'âge de 10 ans, la narratrice fuit le Vietnam avec sa famille. Ils survivent au voyage en mer et sont accueillis dans un camp de réfugiés en Malaisie.

① Nous avons construit une cabane sur pilotis dans un coin reculé du camp, sur la pente d'une colline. Pendant des semaines, nous avons été vingt-cinq personnes de cinq familles à abattre ensemble, en cachette, quelques arbres dans le bois voisin, à les planter dans le sol mou de la terre glaise, à fixer six panneaux de contreplaqué pour en faire un grand plancher et à recouvrir la charpente d'une toile bleu électrique, bleu plastique, bleu jouet. Nous avons eu la chance de trouver assez de sacs de riz en toile de jute et en nylon pour entourer les quatre côtés de notre cabane, en plus des trois côtés de notre salle de bains commune. Ensemble, ces deux constructions ressemblaient à l'installation d'un artiste contemporain dans un musée. La nuit, nous dormions tellement collés les uns contre les autres que nous n'avions jamais froid, même sans couverture. Le jour, la chaleur absorbée par la toile bleue rendait l'air de notre cabane suffocant. Les jours et les nuits de pluie, la toile laissait l'eau couler à travers les trous percés par les feuilles, les brindilles, les tiges que nous avions ajoutées pour rafraîchir.

② Si un chorégraphe avait été présent sous cette toile un jour ou une nuit de pluie, il aurait certainement reproduit la scène : vingt-cinq personnes debout, petits et grands, qui tenaient dans chacune de leurs mains une boîte de conserve pour retenir l'eau coulant de la toile, parfois à flots, parfois goutte à goutte. Si un musicien s'était trouvé là, il aurait entendu l'orchestration de toute cette eau frappant la paroi des boîtes de conserve. Si un cinéaste avait été présent, il aurait capté la beauté de cette complicité silencieuse et spontanée entre gens misérables. Mais il n'y avait que nous, debout sur ce plancher qui s'enfonçait doucement dans la glaise. […]

③ Malgré toutes ces nuits où nos rêves coulaient sur la pente du plancher, ma mère a continué à ambitionner un avenir pour nous. Elle s'était trouvé un complice. Il était jeune et certainement naïf puisqu'il osait afficher joie et désinvolture au milieu du vide monotone de notre quotidien. Ensemble, ma mère et lui ont monté une classe d'anglais. Avec lui, nous avons passé des matins entiers à répéter des mots sans les comprendre. Mais nous étions tous au rendez-vous, parce qu'il réussissait à soulever le ciel pour nous laisser entrevoir un nouvel horizon, loin des trous béants remplis d'excréments accumulés par les deux mille personnes du camp. Sans son visage, nous n'aurions pas pu imaginer un horizon dépourvu d'odeurs nauséabondes, de mouches, de vers. Sans son visage, nous n'aurions pas pu imaginer qu'un jour nous ne mangerions plus de poissons avariés, lancés à même le sol chaque fin d'après-midi à l'heure de la distribution des vivres. Sans son visage, nous aurions certainement perdu le désir de tendre la main pour rattraper nos rêves.

Kim Thúy, *Ru*, Éditions Libre Expression, 2009

Le français peut-il résister à l'invasion anglaise ?

1 **Alors que des milliers de notions nouvelles apparaissent chaque année, zoom sur la lutte contre les anglicismes.**

2 Arrosage plutôt que spam, monospace au lieu de minivan, mécénat pour sponsorship… Dans l'Hexagone, des bataillons d'experts œuvrent sans relâche à la création de néologismes made in France, avant que de perfides anglicismes ne puissent s'imposer. Et, à l'heure actuelle, sous l'égide de la Délégation générale à la langue française, plus de cinq mille nouveaux termes ont été publiés au Journal officiel. Les raisons de cette mobilisation ? Le respect de la loi, tout d'abord. Selon la Constitution, « la langue de la République est le français ». La loi de 1994 en impose donc l'usage dans de nombreux secteurs : services publics, audiovisuel, monde de l'entreprise, publicité… Pour beaucoup de défenseurs du français, derrière ces mots importés des États-Unis à 80 %, se cache aussi une manière différente de vivre et de penser. Autrement dit une américanisation rampante.

3 Ces mots réinventés ont-ils des chances d'être adoptés ? Bien peu, admet le linguiste Alain Rey, pourtant membre de la Commission générale de terminologie et de néologie, clé de voûte de ce dispositif d'enrichissement de la langue. « *Les anglicismes installés ne se* *délogent plus. Et on ne peut pas changer la langue par décret, comme autrefois. Mais pourquoi ne pas anticiper ? Informatique en nuage, c'est quand même mieux que cloud computing…* » Une opinion que partage le linguiste Paul Bogaards, originaire des Pays-Bas. « *Vous pourriez être plus vigilants, par égard pour votre langue. Il y a beaucoup de choses que vous pourriez appeler autrement. Mais nombre de mots proposés par la Commission sont mal connus ! La cause semble perdue. Mieux vaudrait convaincre les Français d'être plus fiers de leur langue.* » Parfois, les efforts de la Commission portent leurs fruits. Ordinateur, baladeur, remue-méninges ou levée de fonds ont ainsi été adoptés. « *Pour qu'un néologisme le soit, il faut qu'il soit aussi court que son équivalent anglo-saxon, rigolo, facile à retenir* », explique Alain Rey. Pour ce dernier comme pour Paul Bogaards, il n'y a pas péril en la demeure. « *Ces mots, souvent diffusés par les techniciens et les professionnels du marketing, égratignent la langue mais ne la menacent pas* », assure le Néerlandais. « *Mais ça ne serait pas plus mal d'observer plus de rigueur. Notre langue est un trésor !* » complète le Français. À bon entendeur…

D'après un article de Nadia Gorbatko dans *TGV Magazine*, No. 119, novembre 2009

Les questions

TEXTE A – *TREE NATION*, UN ARBRE SOUS LE SAPIN

Répondez aux questions suivantes.

1   Selon le paragraphe 1, quelle est la démarche principale de *Tree Nation* ?

    ....

2   Quelle sorte de produits peut-on acheter sur *Tree Nation* ?

    ....

3   Citez **un** des problèmes que *Tree Nation* cherche à combattre.

    ....

4   Parmi les affirmations suivantes, **deux** sont vraies selon les paragraphes 2 et 3.
    Indiquez les lettres correspondantes dans les cases.   *[2 points]*

    A   On peut choisir le lieu où l'on voudrait planter un arbre.
    B   C'est l'emplacement de l'arbre qui détermine le prix à payer.
    C   Actuellement, *Tree Nation* plante des arbres à Barcelone, au Niger
        et au Nicaragua.
    D   Les cartes de vœux électroniques de *Tree Nation* permettent aux
        entreprises de planter une forêt sur leur terrain.
    E   *Tree Nation* plante un arbre chaque fois qu'une de ses cartes de
        vœux électroniques est envoyée par une entreprise.

Indiquez dans la case la lettre qui correspond à la réponse correcte.

5   L'auteur mentionne le Programme des Nations Unies pour
    l'environnement (paragraphe 4)…

    A   pour donner un exemple de programme officiel que les gens devraient
        préférer à *Tree Nation*.
    B   pour rassurer les lecteurs sur le caractère sérieux de *Tree Nation*.
    C   pour partager ses doutes quant à l'efficacité de *Tree Nation*.
    D   pour expliquer que *Tree Nation* finance les activités des Nations Unies.

6   Le but de ce texte est…

    A   de dénoncer la déforestation.
    B   d'encourager les gens à planter des arbres dans leur jardin.
    C   d'exploiter la culpabilité occidentale sur l'état de la planète.
    D   de présenter un site web.

TEXTE B – CES ADOS ONT ÉTÉ FILMÉS DURANT 7 ANS

Répondez aux questions suivantes.

7   Quel mot du paragraphe 1 suggère que la réalisation du documentaire « Romans d'ados » comportait une part de
    risque ?

    ....

8 De quel âge à quel âge les sept protagonistes du film ont-ils été filmés ?

....

9 Selon le paragraphe 3, quelle a été la première difficulté que chaque jeune a dû surmonter ?

....

10 Quelle expression du paragraphe 3 montre que le tournage a « énervé les ados » pendant un certain temps ?

....

11 Quel comportement montre qu'à un certain moment les jeunes n'avaient plus très envie de participer au projet ?

....

12 Parmi les affirmations suivantes, **deux** sont vraies selon le paragraphe 4.
Indiquez les lettres correspondantes dans les cases.   *[2 points]*

    A   La réalisatrice a dû forcer les adolescents à parler de leur sexualité.

    B   Le thème de la sexualité est inévitable lorsqu'on tourne un documentaire sur l'adolescence.

    C   La sexualité est le thème de discussion préféré des adolescents.

    D   Les adolescents ont parlé de choses très intimes devant la caméra.

    E   Les parents ignoraient que leurs enfants participaient au documentaire.

Reliez chacun des mots du paragraphe 5 figurant dans la colonne de gauche avec son équivalent qui se trouve dans la colonne de droite.

Exemple : volets	**G**	A briser
		B cultiver
13 fléaux	☐	C désertique
		D idéaux
14 piétiner	☐	E champêtre
		F naïve
15 bucolique	☐	**G parties**
		H pessimiste
16 bon enfant	☐	I graves problèmes
		J réalisateurs

Ajoutez les mots qui manquent dans le paragraphe 5 en les choisissant dans la liste proposée ci-dessous.

À CAUSE DE	EN DÉPIT DE	QUANT À
ALORS	MAIS	VU QU'
CONTRAIREMENT À	***PARCE QUE***	

Exemple : [- X -]   *parce que*

17 ....   **19** ....

18 ....

TEXTE C – « J'AI FAIT PARTIE DES IMBÉCILES QUI ONT CRU AU MIRAGE DE L'INTERNET »

Répondez à la question suivante.

20 Selon le paragraphe 1, quelles sont les deux accusations que le chanteur Jean-Louis Murat porte contre le Web ?
    [2 points]

    a) ....

    b) ....

En vous basant sur les paragraphes 3 et 4, trouvez les mots du texte qui signifient :

Exemple : écrasés :   **broyés**

21 illusion :   ....   25 vols :   ....

22 en augmentation :...............................   26 encourage :   ....

23 enfants :...............................   27 trahison :   ....

24 volées :   ....

Complétez le tableau suivant en indiquant à qui ou à quoi se réfèrent les mots soulignés. Tous les mots se trouvent dans le paragraphe 6.

Dans la phrase...	le mot...	se réfère à...
Exemple : <u>ils</u> sont attaqués par des petits groupes d'internautes	« *ils* »	..........................artistes..........................
28 <u>Ils</u> sont sans visage	« Ils »	....
29 les internautes britanniques sont en train de <u>leur</u> faire la peau	« leur »	....
30 <u>Celle</u> de se goinfrer	« Celle »	....
31 et ne <u>les</u> écoutent jamais	« les »	....

Répondez aux questions suivantes ou indiquez dans la case la lettre qui correspond à la réponse correcte.

32 L'idée principale du paragraphe 7 est qu'...
    A Internet est le fruit du système politique ultra-libéraliste.   ☐
    B au fond, la goinfrerie joue un rôle peu important dans Internet.
    C Internet encourage les gens à vouloir toujours davantage.
    D Internet s'améliore constamment.

33 Qu'arrivait-il aux chansons que Jean-Louis Murat offrait gratuitement sur son site ?

    ....

34 Citez **deux** des choses auxquelles Jean-Louis Murat ne croit plus aujourd'hui.   *[2 points]*

    a) ....

    b) ....

35 Dans la dernière phrase, quel lien Jean-Louis Murat fait-il entre le fer, les atomes et le Net ?

    A   Ils ont causé des guerres.

    B   Ce sont des exemples de progrès scientifiques et techniques.

    C   Ils ont permis de réaliser le bien mais aussi le mal.

    D   Ce sont des mirages.

TEXTE D – LE CAMP DE RÉFUGIÉS

En vous basant sur le paragraphe 1, répondez aux questions suivantes.

36 Quelle expression indique que la construction de la cabane s'est faite clandestinement ?

....

37 Citez **deux** des matériaux que les réfugiés ont utilisés pour construire leur cabane.   *[2 points]*

    a) ....

    b) ....

38 À quoi la narratrice compare-t-elle la cabane et la salle de bains commune ?

....

39 De quelle manière les réfugiés se tenaient-ils au chaud pendant la nuit ?

....

40 Quel mot qualifie l'air qui se trouvait dans la cabane pendant la journée ?

....

41 Que se passait-il lorsqu'il pleuvait ?

....

Indiquez dans la case la lettre qui correspond à la réponse correcte.

42 L'idée principale du paragraphe 2 est…

    A   que des artistes auraient pu percevoir une certaine beauté
dans la cabane lorsqu'il pleuvait.

    B   qu'un chorégraphe, un musicien et un cinéaste se sont inspirés
de la vie dans ce   camp de réfugiés pour créer des œuvres d'art.

    C   que pendant qu'ils recueillaient la pluie avec des boîtes de conserve,
les occupants de la cabane rêvaient de danse, de musique et de cinéma.

    D   que s'ils avaient pu exercer leur profession artistique, les réfugiés
auraient exprimé la complicité qu'ils ressentaient.

En vous basant sur le paragraphe 3, reliez chaque début de phrase à la fin correspondante.

Exemple : La mère de la narratrice planifiait l'avenir de ses enfants… | D

A   car les cours d'anglais leur permettaient de croire à de nouvelles perspectives d'avenir.

43 La bonne humeur du professeur d'anglais s'expliquait sans doute…

B   encourageait les élèves à parler de leur vie de réfugiés.

C   malgré les mauvais rêves qu'elle faisait la nuit.

44 Les élèves étaient motivés…

D   **même si leur vie de réfugiés ne leur laissait pas beaucoup d'espoir.**

E   par les excellents résultats de ses élèves.

45 Le visage du professeur…

F   par sa jeunesse et sa naïveté.

G   parce que les leçons avaient lieu loin des toilettes malodorantes du camp.

H   symbolisait une vie meilleure.

TEXTE E – LE FRANÇAIS PEUT-IL RÉSISTER À L'INVASION ANGLAISE ?

Ajoutez les mots qui manquent dans le résumé des paragraphes 1 et 2 en les choisissant dans la liste proposée ci-dessous.

Chaque année, l'apparition de milliers de notions nouvelles requiert la création de nouveaux [- **X** -]. En France, de nombreux experts essaient de trouver des mots [- **46** -] pour éviter que des anglicismes ne [- **47** -] dans la langue. Pourquoi tant d'efforts ? Tout d'abord, parce que la [- **48** -] stipule que la langue de la République est le français et que son usage est [- **49** -] dans plusieurs secteurs. Beaucoup de défenseurs du français craignent aussi que l'adoption de nombreux [- **50** -] ne vienne américaniser la manière de vivre et de penser des Français.

ANGLICISMES	LIBERTÉ	OPTIONNEL
DICTIONNAIRES	LOI	PRODUITS
FAMILIERS	**MOTS**	S'INFILTRENT
FRANÇAIS	OBLIGATOIRE	S'OUBLIENT

Exemple : [- X -]   *mots*

46 …………………………………….....................

47 …………………………………….....................

48 …………………………………….....................

49 …………………………………….....................

50 …………………………………….....................

Les affirmations suivantes, basées sur le paragraphe 3, sont soit vraies, soit fausses. Cochez [✔] la réponse correcte. Justifiez votre réponse par des mots du texte. Les deux parties de la réponse sont requises pour l'obtention d'un point.

	VRAI	FAUX
Exemple : Les mots créés par les linguistes sont peu populaires.	✔	☐

Justification : Ces mots réinventés ont-ils des chances d'être adoptés ? Bien peu.

51 Une fois qu'un anglicisme est adopté, il est facile de le remplacer par un équivalent français.

Justification : ....

52 Alain Rey propose d'agir avant même qu'un anglicisme ne soit adopté.

Justification :...

53 Selon Paul Bogaards, les Français devraient davantage se préoccuper de leur langue.

Justification : ....

54 Certains néologismes sont maintenant utilisés de façon courante.

Justification : ....

55 Les anglicismes mettent en danger la survie de la langue française.

Justification : ....

Bilan (niveau moyen et niveau supérieur)

Posez-vous les questions suivantes afin de vérifier que vous vous êtes bien préparé(e) pour réussir l'épreuve 1.

Savez-vous…	OUI	NON
ce qui est testé dans cette épreuve ?	☐	☐
quelles sont les modalités de cette épreuve (durée, nombre de textes, nombre de questions…) ?	☐	☐
sur quelle partie du programme porte cette épreuve ?	☐	☐
quels sont les types de questions ?	☐	☐
quelles sont les consignes ?	☐	☐
comment répondre à chaque type de questions ?	☐	☐
comment améliorer votre note ?	☐	☐

2 Épreuve 2 Compétences productives à l'écrit

2.1 Informations essentielles sur cette épreuve

En quoi consiste cette épreuve ?

Niveau moyen (NM)	Niveau supérieur (NS)
L'épreuve dure 1 heure 30.	
Cette épreuve vaut 25 % de la note finale.	
	Section A
Il y a cinq tâches proposées.	Il y a cinq tâches proposées.
Vous choisissez une de ces cinq tâches.	Vous choisissez une de ces cinq tâches.
Cette épreuve porte sur les options.	Cette section de l'épreuve porte sur les options.
La connaissance factuelle des options n'est pas évaluée. Employez vos connaissances générales.	La connaissance factuelle des options n'est pas évaluée. Vous devez employer vos connaissances générales.
Vous rédigez un type de texte spécifique.	Vous rédigez un type de texte spécifique.
Vous devez écrire de 250 à 400 mots.	Vous devez écrire de 250 à 400 mots.
	Section B
	On vous propose une seule tâche sous forme de court texte écrit.
	Cette section de l'épreuve porte sur le tronc commun.
	La connaissance factuelle des sujets du tronc commun n'est pas évaluée. Vous devez employer vos connaissances générales pour convaincre le lecteur.
	Vous rédigez un texte argumentatif. Vous êtes libre de choisir le type de texte que vous considérez le plus approprié.
	Vous devez écrire de 150 à 250 mots.

Quelles sont les options (NM ; NS section A) ?

- Coutumes et traditions
- Diversité culturelle
- Loisirs
- Santé
- Sciences et technologie

Quels sont les sujets du tronc commun (NS Section B) ?

- Communications et médias
- Questions mondiales
- Relations sociales

Quels sont les types de textes pour l'épreuve 2 ?

Niveau moyen	Niveau supérieur section A
• Article	• Article
• Blog/passage d'un journal intime	• Blog/passage d'un journal intime
• Brochure, dépliant, prospectus, tract, annonce publicitaire	• Brochure, dépliant, prospectus, tract, annonce publicitaire
• Correspondance écrite	• Correspondance écrite
• Critique	• Critique
• Dissertation	• Information de presse

- Information de presse
- Instructions, directives
- Interview
- Présentation, discours, exposé, introduction à un débat
- Rapport officiel

- Instructions, directives
- Interview
- Présentation, discours, exposé, introduction à un débat
- Proposition
- Rapport officiel

2.2 À quoi faut-il s'attendre dans cette épreuve ?

Quelle est la consigne ?

La consigne pour le NM et pour le NS section A

« Réalisez une des tâches suivantes. Écrivez entre 250 et 400 mots. »

Cette consigne vous rappelle deux faits importants :

1 Il ne faut rédiger qu'une seule tâche.

2 Il faut respecter le nombre minimum de mots : 250.

Attention ! Si vous n'écrivez pas le nombre minimum de mots, 1 point vous sera retiré à la note obtenue pour le critère A, langue.

La consigne pour le NS section B

« À partir du passage suivant, exprimez votre opinion personnelle et justifiez-la en choisissant un des types de texte étudiés en classe. Écrivez entre 150 et 250 mots. »

Cette consigne vous rappelle :

1 qu'il n'y a pas de choix de tâche.

2 qu'il faut respecter le nombre minimum de mots : 150. Attention ! Si vous n'écrivez pas le nombre minimum de mots, 1 point vous sera retiré à la note obtenue pour le critère A, langue.

3 Vous êtes libre de choisir le type de texte que vous considérez le plus approprié.

La réponse comprend deux aspects. Vous devez :

1 exprimer votre point de vue sur le sujet du texte. Attention ! La réponse doit faire référence à des éléments du texte.

2 justifier ce point de vue.

Comment choisir la tâche (NM ; NS section A) ?

Analyse d'une tâche

Le guide de français B emploie indifféremment les termes suivants : « exercice de rédaction », « exercice », « sujet ». La consigne de l'épreuve 2 emploie le terme « tâche » pour ce même travail.

Dans cette unité nous allons utiliser le mot « tâche ». Le terme « sujet » se réfère à l'idée principale de la tâche. Vous devez choisir une des cinq tâches proposées. Il y a une tâche proposée pour chacune des options :

- Coutumes et traditions
- Diversité culturelle
- Loisirs
- Santé
- Sciences et technologie

Vous avez étudié au moins deux des cinq options en classe. Commencez donc par lire les tâches qui correspondent aux options que vous avez étudiées. Passez aux autres par la suite.

Pour mener à bien votre rédaction, pour obtenir les meilleures notes, vous devez comprendre le sujet, le contexte et le type de texte nécessaire pour réaliser cette tâche. Pour vous aider dans votre choix, vous pouvez vous poser les questions suivantes :

- Qui écrit ?
- À qui ?
- Sur quel sujet ?
- Pourquoi écrit-il/elle ?
- Quel est le type de texte requis ?
- Quel est le registre approprié ?

Choisissez une tâche seulement si vous savez répondre à ces six questions. La tâche retenue doit vous permettre de mettre en valeur vos connaissances de la langue et de l'option.

Entraînez-vous !

Vous allez analyser des tâches comme celles proposées à l'épreuve 2. Tout d'abord, lisez attentivement la tâche de rédaction qui porte sur l'option **Santé**.

Santé

> *Vous avez participé à une marche amicale pour encourager le public à soutenir les recherches sur les maladies neurologiques. Étudiants, lycéens, chercheurs, malades, familles, enseignants étaient au rendez-vous. Enthousiasmé(e) par l'expérience, vous rédigez un article pour le journal de votre école. Vous expliquez le but de la marche, vous décrivez la journée et vous encouragez tous les élèves à y participer l'année prochaine.*

Le tableau suivant vous permet d'analyser la tâche.

1 Qui écrit ?		• élève/lycéen(ne)
2 À qui ?		• aux camarades d'école
3 Sur quel sujet ?		• une marche afin de récolter de l'argent pour la recherche médicale
4 Pourquoi écrit-il/elle ?		• pour expliquer le but de la marche • pour décrire la journée • pour encourager les autres à participer à l'avenir
5 Quel est le type de texte requis ?		• un article
6 Quel est le registre approprié ? • Faut-il employer le tutoiement ou le vouvoiement ?		• registre standard : quelques incursions dans le registre familier sont possibles puisqu'on s'adresse à des jeunes • les deux sont possibles : — « vous » (du pluriel) — « tu » (on s'adresse à chaque élève)

Maintenant, à vous d'analyser des tâches en remplissant les tableaux suivants.

Diversité culturelle

Dans le quartier où vous habitez, les jeunes d'origines diverses ne vont pas tous à la même école et ne se fréquentent pas. Vous aimeriez organiser des activités et des rencontres entre tous les jeunes. Vous décidez de demander au maire si vous pouvez disposer d'une salle une fois par semaine. Vous rédigez une lettre dans laquelle vous expliquez ce qui motive votre demande et les avantages d'une telle initiative.

1 Qui écrit ?	
2 À qui ?	
3 Sur quel sujet ?	
4 Pourquoi écrit-il/elle ?	
5 Quel est le type de texte requis ?	
6 Quel est le registre approprié ? • Faut-il employer le tutoiement ou le vouvoiement ?	

Coutumes et traditions

Vous avez participé à une manifestation de lycéens et d'étudiants qui a eu lieu suite à un événement social ou politique important dans votre pays. Rédigez le passage de votre journal intime dans lequel vous décrivez ce dont vous avez été témoin. Faites part de vos réflexions et expliquez pourquoi vous avez participé à cette manifestation.

1 Qui écrit ?	
2 À qui ?	
3 Sur quel sujet ?	
4 Pourquoi écrit-il/elle ?	
5 Quel est le type de texte requis ?	
6 Quel est le registre approprié ? • Faut-il employer le tutoiement ou le vouvoiement ?	

Santé

> *Depuis le début de l'année scolaire, la cantine gaspille beaucoup de nourriture parce que les élèves ne touchent pratiquement pas à leur assiette. La direction de votre école vous a demandé de mener une enquête auprès de vos camarades afin de mieux comprendre le problème et de proposer des solutions. Rédigez le rapport que vous soumettrez à la direction de l'école.*

1 Qui écrit ?	
2 À qui ?	
3 Sur quel sujet ?	
4 Pourquoi écrit-il/elle ?	
5 Quel est le type de texte requis ?	
6 Quel est le registre approprié ? • Faut-il employer le tutoiement ou le vouvoiement ?	

Loisirs

> *Vous aviez l'intention de créer un club de français dans votre école mais ce projet a été rejeté par le Comité des élèves. Rédigez la lettre de protestation que vous leur adressez pour défendre votre projet et faire appel.*

1 Qui écrit ?	
2 À qui ?	
3 Sur quel sujet ?	
4 Pourquoi écrit-il/elle ?	
5 Quel est le type de texte requis ?	
6 Quel est le registre approprié ? • Faut-il employer le tutoiement ou le vouvoiement ?	

Sciences et technologie

> *Votre école dispose d'une somme d'argent assez importante qu'elle doit dépenser l'année prochaine. La direction hésite entre la construction d'une piscine et l'achat d'un ordinateur pour chaque élève. En tant que représentant des élèves, vous faites un discours devant les élèves et les professeurs dans lequel vous soutenez l'achat d'ordinateurs. Rédigez le texte de votre discours en justifiant votre prise de position.*

1 Qui écrit ?	
2 À qui ?	
3 Sur quel sujet ?	
4 Pourquoi écrit-il/elle ?	
5 Quel est le type de texte requis ?	
6 Quel est le registre approprié ? • Faut-il employer le tutoiement ou le vouvoiement ?	

2.3 Les critères d'évaluation pour la rédaction (NM ; NS section A)

Comment la rédaction est-elle évaluée (NM ; NS section A) ?

Selon le guide de langue B, vous devez :

- utiliser la langue de manière correcte et appropriée
- développer et organiser des idées pertinentes
- répondre en utilisant correctement les conventions relatives au type de texte choisi.

Pour la rédaction de l'épreuve 2 (NM ; NS section A), ces exigences correspondent aux trois critères :

Critère A : langue   (10 points)
Critère B : message   (10 points)
Critère C : présentation   (5 points)
Total : 25 points

Les bandes de notation et les descripteurs de niveaux

Voici les bandes de notation et les descripteurs de niveaux qui correspondent aux trois critères. Ils indiquent ce que vous devez faire pour atteindre les meilleures notes.

Critère A : langue

- Dans quelle mesure l'élève utilise-t-il la langue avec correction et efficacité ?

Un élève qui ne rédige pas le nombre minimum de mots se verra enlever 1 point à la note obtenue pour ce critère.

Points	Descripteurs de niveaux	
	Niveau moyen	**Niveau supérieur**
0	Le travail n'atteint pas l'un des niveaux décrits ci-dessous.	Le travail n'atteint pas l'un des niveaux décrits ci-dessous.
1–2	**La maîtrise de la langue est généralement insuffisante.** Un vocabulaire très limité est employé avec de nombreuses erreurs de base. Les structures de phrases simples sont rarement claires.	**La maîtrise de la langue est limitée et ne permet généralement pas une expression efficace.** Un vocabulaire limité est employé avec de nombreuses erreurs de base. Les structures de phrases simples sont parfois claires.
3–4	**La maîtrise de la langue est limitée et ne permet généralement pas une expression efficace.** Un vocabulaire limité est employé avec de nombreuses erreurs de base. Les structures de phrases simples sont parfois claires.	**La maîtrise de la langue est généralement satisfaisante malgré de nombreuses impropriétés.** Un vocabulaire assez limité est employé avec de nombreuses erreurs. Les structures de phrases simples sont généralement claires.
5–6	**La maîtrise de la langue est généralement satisfaisante malgré de nombreuses impropriétés.** Un vocabulaire assez limité est employé avec de nombreuses erreurs. Les structures de phrases simples sont généralement claires.	**La maîtrise de la langue permet une expression efficace malgré quelques impropriétés.** Un vocabulaire varié est employé correctement avec quelques erreurs. Les structures de phrases simples sont claires.
7–8	**La maîtrise de la langue permet une expression efficace malgré quelques impropriétés.** Un vocabulaire varié est employé correctement avec quelques erreurs. Les structures de phrases simples sont claires.	**La maîtrise de la langue est bonne et permet une expression efficace.** Un vocabulaire étendu est employé correctement avec peu d'erreurs importantes. Quelques structures de phrases complexes sont employées de façon claire et efficace.
9–10	**La maîtrise de la langue est bonne et permet une expression efficace.** Un vocabulaire étendu est employé correctement avec peu d'erreurs importantes. Quelques structures de phrases complexes sont employées de façon claire et efficace.	**La maîtrise de la langue permet une expression très efficace.** Un vocabulaire étendu est employé correctement et efficacement avec très peu d'erreurs. Les structures de phrases complexes sont employées de façon claire et efficace.

Critère B : message

- Dans quelle mesure l'élève est-il capable de développer et d'organiser clairement des idées pertinentes ?

Points	Descripteurs de niveaux	
	Niveau moyen	**Niveau supérieur**
0	Le travail n'atteint pas l'un des niveaux décrits ci-dessous.	Le travail n'atteint pas l'un des niveaux décrits ci-dessous.
1–2	**Le message n'est pas transmis.** Les idées ne sont pas pertinentes et/ou elles sont répétitives. Les idées sont développées de façon peu claire ; elles sont très rarement étayées d'informations complémentaires et/ou celles-ci sont totalement inappropriées.	**Le message n'est pas transmis.** Les idées ne sont pas pertinentes et/ou elles sont répétitives. Les idées sont développées de façon confuse ; elles sont rarement étayées d'informations complémentaires et/ou celles-ci sont inappropriées.
3–4	**Le message est à peine transmis.** Les idées sont parfois peu pertinentes et/ou répétitives. Les idées sont développées de façon confuse ; elles sont rarement étayées d'informations complémentaires et/ou celles-ci sont inappropriées.	**Le message est partiellement transmis.** Les idées sont parfois pertinentes. Les idées sont parfois développées de façon claire ; elles sont parfois étayées d'informations complémentaires appropriées.
5–6	**Le message est partiellement transmis.** Les idées sont généralement pertinentes. Les idées sont parfois développées de façon claire ; elles sont parfois étayées d'informations complémentaires appropriées.	**Le message est assez bien transmis.** Les idées sont généralement pertinentes. Les idées sont développées de façon cohérente ; elles sont étayées d'informations complémentaires généralement appropriées.
7–8	**Le message est assez bien transmis.** Les idées sont généralement pertinentes. Les idées sont développées de façon cohérente ; elles sont étayées d'informations complémentaires généralement appropriées.	**Le message est bien transmis.** Les idées sont pertinentes. Les idées sont développées de façon cohérente et efficace ; elles sont étayées d'informations complémentaires appropriées.
9–10	**Le message est bien transmis.** Les idées sont pertinentes. Les idées sont développées de façon cohérente et efficace ; elles sont étayées d'informations complémentaires appropriées.	**Le message est très bien transmis.** Les idées sont pertinentes et efficaces. Les idées sont développées de façon cohérente et détaillée ; elles sont étayées d'informations complémentaires très appropriées.

Critère C : présentation

- Dans quelle mesure l'élève produit-il bien le type de texte demandé ?
- Dans quelle mesure les conventions relatives aux types de textes choisis sont-elles respectées ?

Points	Descripteurs de niveaux
	Niveau moyen et niveau supérieur
0	Le travail n'atteint pas l'un des niveaux décrits ci-dessous.
1	**Le type de texte n'est pas reconnaissable.** Les conventions relatives au type de texte choisi ne sont pas utilisées.
2	**Le type de texte est à peine reconnaissable ou n'est pas approprié.** Les conventions relatives au type de texte choisi sont très peu utilisées.
3	**Le type de texte est parfois reconnaissable et approprié.** Les conventions relatives au type de texte choisi sont peu utilisées.
4	**Le type de texte est généralement reconnaissable et approprié.** Les conventions relatives au type de texte choisi sont évidentes.
5	**Le type de texte est clairement reconnaissable et approprié.** Les conventions relatives au type de texte choisi sont évidentes et employées efficacement.

2.4 Comment améliorer votre note dans la rédaction (NM ; NS section A) ?

Cette unité va vous expliquer comment améliorer votre note. Pour ce faire, il vous faut bien comprendre les trois critères d'évaluation :

- Critère A : langue
- Critère B : message
- Critère C : présentation

Critère A : langue

Voici un rappel du descripteur de niveau pour la bande de notation 9–10 (la note maximale) au critère A.

	Niveau moyen	Niveau supérieur
9–10	**La maîtrise de la langue est bonne et permet une expression efficace.** Un vocabulaire étendu est employé correctement avec peu d'erreurs importantes. Quelques structures de phrases complexes sont employées de façon claire et efficace.	**La maîtrise de la langue permet une expression très efficace.** Un vocabulaire étendu est employé correctement et efficacement avec très peu d'erreurs. Les structures de phrases complexes sont employées de façon claire et efficace.

Au niveau moyen comme au niveau supérieur, il vous faut employer :

1 **un vocabulaire étendu**, donc vous devriez élargir votre vocabulaire

2 **des structures complexes**, de façon claire et efficace, donc vous devriez réviser des éléments grammaticaux.

Les conseils suivants vous aideront à améliorer votre note pour ce critère.

1 Comment élargir votre vocabulaire ?

Pour pouvoir développer vos idées et pour proposer des idées variées, vous devez utiliser un vocabulaire étendu. Évitez de répéter des mots ou d'employer des phrases longues où vous risquez de vous embrouiller parce que vous ne connaissez pas le mot juste !

Conseils

a Faites des listes de vocabulaire thématique à partir de vos rédactions et de vos discussions en classe. Classez vos rédactions ainsi que ces listes dans un dossier. Ce dossier va vous permettre de réviser le vocabulaire lié aux sujets du tronc commun et des options.

b Vous serez amené(e) à exprimer votre point de vue ou à comparer des aspects de deux cultures. Il faut donc acquérir le vocabulaire et les expressions qui vont vous permettre de le faire de manière claire et efficace. Consultez les expressions comparatives à la page 131.

c À éviter :

- les mots grossiers
- l'emploi de trop d'expressions idiomatiques et de proverbes – même quand ils sont employés correctement, ceux-ci peuvent nuire à « l'authenticité » du texte.

Entraînez-vous !

Exercice 1

Faites des remue-méninges à partir des mots-clés liés aux options.

Option : Sciences et technologie

Quels sont les mots que vous associez à l'option Sciences et technologie ? Dressez une liste d'au moins cinq mots pour chacun des aspects suivants :

- Technologies de l'information
- Énergies renouvelables
- Recherche scientifique
- Éthique et sciences

Option : Loisirs

Aspect : sports

Quels sont les mots que vous associez au mot « sports » ? Dressez une liste d'au moins cinq mots pour chacune des catégories suivantes :

- Sentiments/émotions
- Santé
- Bienfaits
- Dangers
- Interaction

Options : Coutumes et traditions ; Diversité culturelle ; Santé

Aspect : alimentation

Quels sont les mots que vous associez au mot « alimentation » ? Dressez une liste d'au moins cinq mots pour chacune des catégories suivantes :

- (Coutumes et traditions) alimentation
- (Diversité culturelle) patrimoine culinaire
- (Santé) régime et nutrition

Exercice 2

Certains mots sont des faux-amis ou présentent des difficultés toutes particulières pour l'apprenant de la langue. Savez-vous distinguer les mots ci-dessous ? Utilisez-les dans une phrase.

1 à cause de/parce que/grâce à

2 aussi/de plus/en outre

3 caractère/personnage

4 connaître/savoir

5 depuis/pour/pendant

6 école/lycée/établissement scolaire

7 écouter/entendre

8 élève/étudiant

9 jour/journée – soir/soirée – an/année

10 journée/voyage

11 nourriture/repas/aliments/alimentation

12 nuit/soir

13 parler/raconter/dire

14 partir/quitter

15 personnes/gens

16 plusieurs/beaucoup/trop

17 rentrer/retourner

18 tu/on

19 visiter/rendre visite

20 vivre/habiter

2 Quels points grammaticaux réviser ?

En classant vos rédactions dans un dossier, vous allez rapidement vous rendre compte des fautes grammaticales qui se répètent. Faites-en une liste. Révisez ces points grammaticaux. Cette liste va vous servir de base pour la « lecture de vérification » de votre rédaction lors de l'épreuve. Vous trouverez des explications grammaticales qui pourraient vous être utiles sur le site web.

Il faut connaître :

1 les adjectifs qualificatifs

2 les adverbes

3 les pronoms personnels compléments

4 la conjugaison des verbes les plus fréquents

5 l'impératif

6 le subjonctif

7 la construction des verbes

8 la négation

9 les pronoms relatifs

10 certaines structures complexes : les phrases hypothétiques ; le discours indirect

Attention ! il faut aussi savoir en ce qui concerne l'orthographe :

- vous servir d'accents. Ils ne sont pas en option libre mais font partie intégrante de la langue et ne peuvent donc pas être ignorés.

- épeler certains mots-clés :

   littérature ; environnement ; mariage ; personnage…

- éviter les erreurs phonétiques :

   ce, se, c'est, ces, sait

   mes, mais, mai

   travailler, travaillez, travaillé, travaillais…

N'oubliez pas de soigner votre écriture. Vous risquez d'être pénalisé(e) si votre texte n'est pas tout à fait lisible.

Exercice à thème : l'environnement

Mettez les verbes entre parenthèses à la forme correcte.

1 Si on avait pris des mesures pour protéger l'environnement il y a longtemps, on *aurait pu* (pouvoir) éviter l'assèchement de ce cours d'eau.

2 Il y aurait moins de décharges si on *recylait* (recycler) plus.

3 Il faut que nous *réagissions* (réagir) au problème des espèces en danger.

4 S'il n'y avait pas eu de fuite de gaz, toutes ces personnes *ne seraient pas mortes* (ne pas mourir).

5 Il est essentiel que nous *trouvions* (trouver) des solutions à ces problèmes.

6 Autrefois, on *faisait* (faire) moins attention à la santé de la planète.

7 Si cette usine *n'avait pas déversé* (ne pas déverser) des déchets toxiques dans le fleuve, il *n'aurait pas été* (ne pas être) pollué.

8 Un manifestant a affirmé qu'il *s'agissait* (s'agir) d'une marche pacifique.

9 Je veux que les générations à venir *puisse* (pouvoir) profiter de nos parcs naturels.

10 Quand l'homme *se rendra compte* (se rendre compte) du danger qui guette la Terre, il sera peut-être trop tard.

11 Pour que l'air *soit* (être) respirable, pour que les arbres et les plantes *ne meurent pas* (ne pas mourir), il faut que vous *vous informiez* (s'informer).

12 Il faut *protéger* (protéger) les espèces marines et *éviter* (éviter) la surpêche.

Critère B : message

Voici un rappel du descripteur de niveau pour la bande de notation 9–10 (la note maximale) au critère B.

		Niveau moyen	Niveau supérieur
9–10		**Le message est bien transmis.**	**Le message est très bien transmis.**
		Les idées sont pertinentes.	Les idées sont pertinentes et efficaces.
		Les idées sont développées de façon cohérente et efficace ; elles sont étayées d'informations complémentaires appropriées.	Les idées sont développées de façon cohérente et détaillée ; elles sont étayées d'informations complémentaires très appropriées.

Au niveau moyen comme au niveau supérieur, **la pertinence, la cohérence** et **l'efficacité** du message sont très importantes. Il faut rédiger un message **cohérent** et **convaincant**. Il vous faut donc :

1 bien **structurer** votre texte

2 utiliser des **connecteurs logiques**

3 utiliser des **procédés rhétoriques**

4 proposer des **exemples.**

Les conseils suivants vous aideront à améliorer votre note pour ce critère.

1 Comment structurer votre texte ?

Que vous vous présentiez au niveau moyen ou au niveau supérieur, pour atteindre les notes les plus élevées au critère B vous devez répondre de manière **pertinente** à la question.

Conseils

a Pour ce faire, il faut avoir bien compris le sujet. Vous serez pénalisé(e) pour tout contresens ou hors-sujet. Ne choisissez pas une tâche si vous n'avez pas tout compris.

b Il faut également répondre à chaque élément de la tâche. Il est essentiel d'analyser la tâche proposée pour en dégager tous les éléments.

c Avant de commencer à rédiger, il faut donc faire un **plan**. Cela va vous aider à organiser vos idées de manière logique. Un plan simple consiste en trois parties:

- introduction
- développement
- conclusion

Chaque paragraphe ou chaque partie correspond à une idée principale. Cette idée est souvent illustrée par un ou plusieurs exemple(s) précis.

Exemple de plan

Lisez la tâche et le plan proposés ci-dessous.

Option : Loisirs

> *Un nouveau centre sportif va ouvrir ses portes dans votre ville. Il propose des activités sportives pour les jeunes à des tarifs très intéressants. Passionné(e) par les sports, vous rédigez une brochure pour encourager tous les lycéens de votre établissement à participer aux activités proposées.*

Plan

- **Introduction**

Buts de ce guide :
- présenter le nouveau centre sportif
- persuader ceux qui aiment le sport et ceux qui l'aiment moins d'y aller

- **Développement**

Renseignements pratiques :
- situation géographique
- heures d'ouverture
- tarifs
- membres
- équipement sportif
- locaux (salle de musculation, piscine, gymnase, court de tennis...)

Conseils : pourquoi y aller ?
- pour être en bonne santé
- pour oublier le stress de l'école
- pour faire connaissance avec d'autres jeunes...

- **Conclusion**
- invitation
- encouragement
- coordonnées pour avoir plus de renseignements

Entraînez-vous !

Lisez les trois tâches suivantes et préparez votre plan de la même façon.

Option : Coutumes et traditions

> *Vous avez participé à une manifestation de lycéens et d'étudiants qui a eu lieu suite à un événement social ou politique important dans votre pays. Rédigez le passage de votre journal intime dans lequel vous décrivez ce dont vous avez été témoin. Faites part de vos réflexions et expliquez pourquoi vous avez participé à cette manifestation.*

Quel est votre plan ? Préparez-le de la même façon que dans l'exemple ci-dessus.

Plan
- **Introduction**

....
....
....
....
....
....

- **Développement**

....
....
....
....
....

- **Conclusion**

....
....
....
....

Option : Santé

> *Vous avez participé à une marche amicale pour encourager le public à soutenir les recherches sur les maladies neurologiques. Étudiants, lycéens, chercheurs, malades, familles, enseignants étaient au rendez-vous. Enthousiasmé(e) par l'expérience, vous rédigez un article pour le journal de votre école. Vous expliquez le but de la marche, vous décrivez la journée et vous encouragez tous les élèves à y participer l'année prochaine.*

Quel est votre plan? Préparez-le de la même façon que l'exemple ci-dessus.

Plan

- **Introduction**

....
....
....
....

- **Développement**

....
....
....
....

- **Conclusion**

....
....
....

Option : Sciences et technologie

> *Votre école dispose d'une somme d'argent assez importante qu'elle doit dépenser l'année prochaine. La direction hésite entre la construction d'une piscine et l'achat d'un ordinateur pour chaque élève. En tant que représentant des élèves, vous faites un discours devant les élèves et les professeurs dans lequel vous soutenez l'achat d'ordinateurs. Rédigez le texte de votre discours en justifiant votre prise de position.*

Quel est votre plan? Préparez-le de la même façon que l'exemple ci-dessus.

Plan

- Introduction

....
....
....
....

- Développement

....

....

....

....

- Conclusion

....

....

....

2 Comment utiliser les connecteurs logiques ?

Les connecteurs logiques permettent de rédiger un texte cohérent dans lequel vos idées s'enchaînent logiquement. Ces mots vous permettent d'/de :

- **ordonner vos idées**

    Le début : Premièrement/D'abord/En premier lieu…

    La suite : Ensuite/En second lieu/Puis…

    La conclusion : Enfin/En somme/Pour conclure/En dernier lieu…

- **préciser le moment/le temps**

    maintenant/actuellement/autrefois/dès lors/désormais/il y a/aussitôt que…

- **proposer des exemples précis ou une explication**

    par exemple/notamment/c'est-à-dire/en effet…

- **ajouter des renseignements**

    de plus/par ailleurs/d'autre part/aussi…

- **limiter ce qui vient d'être affirmé**

    mais/pourtant/toutefois/cependant/sauf…

- **comparer**

    comme/ainsi que/pareil à…

- **contraster/s'opposer à ce qui vient d'être affirmé**

    en revanche/au contraire/contrairement à/alors que/tandis que/au lieu de/or/par contre/malgré/en dépit de/même si…

- **exprimer le but ou l'objectif**

    pour (+ infinitif)/pour que (+ subjonctif)/afin de (+ infinitif)/afin que (+ subjonctif)/de manière à (+ infinitif)…

- **expliquer la cause**

    car/puisque/c'est pourquoi/parce que/vu que/comme/à cause de/grâce à…

- **marquer une alternative**

    ou…ou/soit…soit/ou bien…

- **présenter les résultats ou les conséquences**

    donc/ainsi/par conséquent/grâce à/alors/si…

Entraînez-vous !

Avez-vous compris comment fonctionnent les connecteurs logiques ?
Lisez le texte suivant et répondez aux questions.

Texte 1

En vous basant sur les exemples ci-dessous, quel rôle les connecteurs logiques utilisés dans ce texte jouent-ils ? Indiquez dans la case de droite la lettre qui correspond à la réponse correcte.

L'abattage sauvage d'arbres est interdit

La Glisse

[- 1 -] Pour faire face à l'inquiétude des habitants de cette station de sports d'hiver, le maire, Pierre Drouard, a pris un arrêté concernant l'abattage des arbres dans certaines zones de la station. [- 2 -] Désormais tout abattage doit être autorisé au préalable. L'abattage n'est pas systématique. [- 3 -] Tout d'abord, l'arrêté ne concerne que les arbres d'une circonférence supérieure à 20 centimètres. Il faut faire une demande auprès du maire un mois avant l'abattage, [- 4 -] sauf, bien entendu, en cas de danger imminent [- 5 -] ou si les travaux ont été déclarés au service d'urbanisme. La municipalité demande à un agent de se rendre [- 6 -] alors sur place. Celui-ci se fait parfois accompagner d'un représentant de la police municipale. L'agent tecÚique a pour mission d'évaluer la situation et d'aider le demandeur dans sa démarche.

1 « Pour » : ce mot…

  A indique le moment, le temps.

  B marque une alternative.

  C limite ce qui vient d'être affirmé.

  D exprime l'objectif.

2 « Désormais » : ce mot…

  A indique le moment, le temps.

  B ajoute des renseignements supplémentaires.

  C indique une étape dans le raisonnement.

  D compare deux idées.

3 « Tout d'abord » : cette expression…

  A présente les conséquences.

  B ajoute des renseignements supplémentaires.

  C marque une alternative.

  D indique une étape.

4 « Sauf » : ce mot…

  A explique la cause.

  B ajoute des renseignements supplémentaires.

  C limite ce qui vient d'être affirmé.

  D indique une étape dans le raisonnement.

5 « Ou » : ce mot…

  A présente les conséquences.

  B indique une étape dans le raisonnement.

  C limite ce qui vient d'être affirmé.

  D marque une alternative.

6 « Alors » : ce mot…

  A marque une alternative.

  B présente les conséquences.

  C limite ce qui vient d'être affirmé.

  D explique la cause.

Texte 2

Quels connecteurs logiques conviennent ?

Certains connecteurs logiques ont été supprimés dans le texte. Indiquez dans la case de droite la lettre qui correspond à la réponse correcte.

Santé !

On nous dit *[- X -]* longtemps que la consommation de vin rouge diminue le risque de maladies cardiovasculaires. Pourtant, **[- 1 -]** rien ne le prouvait. **[- 2 -]** une équipe de chercheurs vient de le faire. **[- 3 -]** leur travail, le mécanisme en jeu a pu être identifié. La consommation de vin rouge est, **[- 4 -]**, bonne pour la santé.

Il ne faut **[- 5 -]** pas boire de façon immodérée. Si tel était le cas, les effets bénéfiques seraient détruits. Trop d'alcool nuit à la santé. **[- 6 -]**, certains fruits rouges offrent autant de bénéfices que le vin rouge.

Exemple : [- X -]

A autrefois

B il y a

C depuis   [C]

D désormais

1

A ensuite

B jusqu'ici

C actuellement

D aussitôt

2

A C'est-à-dire

B Alors que

C D'un autre côté

D Or

3

A Grâce à

B Sauf

C Donc

D Enfin

4

A enfin

B en effet

C ensuite

D en revanche

5

A désormais

B d'abord

C pourtant

D jusqu'ici

6

A En dernier lieu

B Alors que

C Après

D Par ailleurs

3 Comment utiliser les procédés rhétoriques ?

Un auteur utilise des procédés rhétoriques pour rendre son texte plus vivant. Il les utilise aussi pour influencer son lecteur.

Pour persuader son lecteur, un auteur peut :

■ **utiliser des impératifs**

Venez nombreux ! Profitez de cette occasion unique !

■ **s'adresser directement à son auditoire pour que celui-ci se sente plus impliqué**

Chers amis, chers voisins, le climat de tension et de violence dans notre quartier, autrefois si paisible, n'est plus tolérable.

■ **insister en répétant certains mots**

Notre pays vous offre des découvertes insolites. Notre pays vous offre des rencontres tout aussi insolites. Notre pays vous offre l'aventure de votre vie.

■ **insister en ajoutant des adjectifs ou des noms valorisants**

un bijou unique, précieux, indémodable

■ **exagérer**

Une telle décision de la part de nos élus va mener inexorablement à la chute de la civilisation occidentale.

■ **utiliser des phrases exclamatives**

Quel bonheur ! Quelle vie de chien ! Que d'ennuis résultent d'une telle attitude !

■ **poser une question directement au lecteur/à l'auditeur**

Alors, que devons-nous faire ? Comment agir ? Quand saurons-nous la vérité sur cette affaire ?

■ **utiliser des comparaisons, des métaphores ou d'autres figures de style**
Il marche comme un bateau à la dérive. La santé est la demeure de l'homme heureux.

Entraînez-vous !

Comment rendre les phrases suivantes plus vives, plus convaincantes ?

Transformez les phrases suivantes pour les rendre plus dynamiques.

1 Dans une brochure

Mettez les phrases suivantes à l'impératif. Ajoutez un signe de ponctuation pour les rendre encore plus persuasives.

A Vous pouvez venir nous rejoindre samedi devant la mairie.

B Tu seras l'heureux vainqueur de notre concours.

C Nous allons travailler ensemble pour notre communauté.

2 Au cours d'un discours

Ajoutez une formule pour mieux impliquer le public venu assister à cette réunion.

Votre présence ici ce soir témoigne de votre inquiétude.

3 Dans un journal intime

Insistez sur vos sentiments en répétant la même négation (préférez une négation autre que « ne…pas »).

Je n'irai pas vivre là-bas. Je ne quitterai jamais mes amis. Je ne parlerai plus à mes parents.

4 Dans une publicité

Ajoutez des adjectifs valorisants pour mieux faire vendre.

Profitez de ce cadeau …….…..…........ qui va vous rendre la vie plus facile, plus …………………………………………….………………..….…

5 Dans un courriel

Terminez la phrase en exagérant.

Je t'aimerai toujours, même …………………………………………….….…
…………………………………………….……………………….……

6 Dans un article

Utilisez des phrases exclamatives avec « quel(le) » et « que de ».

A C'était une catastrophe.

B Il y a eu beaucoup de morts.

7 Dans une lettre au courrier des lecteurs

Posez une question directement aux autres lecteurs.

Je ne crois pas que ce soit la solution au problème.

8 Dans une critique de film

Utilisez une comparaison et une métaphore pour exprimer votre opinion.

A La bande sonore est comme …………………………………………

B Ce film, c'est …………………………………………………………

4 Comment proposer des exemples ?

Pour mieux convaincre votre lecteur, il est essentiel de proposer des exemples précis qui illustrent votre opinion. Voici des expressions qui permettent de proposer des exemples :

- À savoir
- À titre d'exemple
- Ainsi
- Aussi (+ inversion)
- Autant dire
- C'est-à-dire
- De plus
- Également
- En d'autres mots
- En d'autres termes
- En effet
- Notamment
- Par ailleurs
- Par exemple
- Prenons l'exemple de
- Soit
- Voire

2.5 Les conventions relatives à des types de textes

Au niveau moyen comme au niveau supérieur, il vous faut rédiger un type de texte spécifique, en utilisant les conventions et le registre qui conviennent au type de texte requis. Cette exigence correspond au critère C : présentation. Ce critère vaut 5 points. Voici un rappel du descripteur de niveau pour la bande de notation 5.

	Niveau moyen et niveau supérieur
5	**Le type de texte est clairement reconnaissable et approprié.** Les conventions relatives au type de texte choisi sont évidentes et employées efficacement.

1 Rappel des types de textes au programme

- Article
- Blog/passage d'un journal intime
- Brochure, dépliant, prospectus, tract, annonce publicitaire
- Correspondance écrite
- Critique
- Dissertation
- Information de presse
- Instructions, directives
- Interview
- Présentation, discours, exposé, introduction à un débat
- Proposition (NS seulement)
- Rapport officiel

Textes modèles

Les textes qui suivent représentent des types de textes qu'on peut vous demander de rédiger à l'épreuve 2. Pour chaque type de texte, une définition vous est donnée. Ces textes modèles vont vous permettre de mieux comprendre les conventions et le registre relatifs à chaque type de texte.

Avant de lire chaque texte modèle, lisez la liste de conventions pour le type de texte. Ensuite, identifiez ces caractéristiques dans le texte.

Attention !

- Tous les exemples de chaque caractéristique n'ont pas été indiqués.
- Chaque texte modèle n'a pas nécessairement toutes les caractéristiques de ce type de texte .
- À l'examen, on ne s'attend pas à ce qu'un type de texte contienne forcément toutes les caractéristiques qui distinguent ce type de texte, mais pensez à en intégrer plusieurs.

Article

Il s'agit d'un texte publié dans la presse écrite dans le but de renseigner en détail les lecteurs sur un sujet ou un thème particulier.

Registre : standard ou soutenu (des incursions dans le registre familier sont possibles lorsqu'on s'adresse à des jeunes).

Conventions relatives à un article

Lisez l'article qui suit. Associez chacun des numéros dans le texte à la caractéristique correspondante. Indiquez le numéro dans la deuxième colonne. Un exemple vous est donné.

Caractéristique	Numéro
Chapeau (résumé du message principal de l'article)	
Citation(s) de spécialistes	
Conclusion tournée vers l'avenir	
Connecteur(s) logique(s)	
Date	
Données (chiffrées)	
Illustration (photo)	
Intertitre(s) (soulignés et/ou en gras)	
Nom du journal ou du magazine	
Nom du journaliste	
Paragraphes	
Rubrique du journal *Exemple*	1
Texte en colonnes	
Titre de l'article	
Verbes au conditionnel pour indiquer que l'information n'est pas prouvée	

Vendredi 5 novembre [2]   **Luxembourg** [1]   **.24** [3]
POINT24

WWW.POINT24.LU

Vidéosurveillance : une efficacité mitigée [4]

Selon l'association luxembourgeoise de criminologie (ALC), l'efficacité de la surveillance est limitée. Surtout au niveau de la prévention, sans parler du respect de la vie privée. Néanmoins [6], la vidéosurveillance a contribué à identifier une trentaine d'auteurs d'actes criminels au Luxembourg. [5]

À l'heure actuelle [6], 70 caméras [8] de surveillance sont installées au Luxembourg, et particulièrement, dans le quartier de la gare. L'ALC a tiré un premier bilan. [7]

[12]
[13]

Grâce aux [6] caméras de surveillance, une trentaine d'auteurs d'actes criminels (drogues, agressions, vols, etc.) ont pu être identifiés. Même si [6], jusqu'à présent (et contrairement à l'Allemagne par exemple), ces preuves par l'image n'ont pas été utilisées devant la justice mais plutôt dans le cadre de l'enquête de la police. [7]

La peur des caméras [9]

Selon les responsables, les caméras de surveillance ne constituent en aucun cas une solution miracle pour faire baisser la criminalité. « La prévention et la réduction de la criminalité est une tâche complexe, dans laquelle la vidéosurveillance peut être un outil parmi d'autres » affirme le président Dan Biancalana, « elle doit être accompagnée d'autres mesures, comme une présence policière accrue ou le travail social sur le terrain. » [10] Des études à l'étranger auraient montré [11] que la vidéosurveillance n'empêche pas le passage à l'acte. Ainsi [6], en Angleterre par exemple, la présence de caméras n'a jamais dissuadé des jeunes ivres de se battre à la sortie du café.

« Le fait de connaître la présence de caméras rend les personnes plus anxieuses que si elles ignoraient la présence du dispositif », estime M. Biancalana [10]. En fait [6], il y aurait une nette différence entre ce que les gens attendent de la vidéosurveillance et ce que cette dernière produit réellement.

Selon l'ALC, pour lutter de façon efficace contre la criminalité, il faut miser davantage sur le travail social (de prévention) et moins sur la technique. [7] [14]

Ralph di Marco [15]

www.point24.lu/fr, 5 novembre 2010

Blog

Il s'agit d'un journal qui est destiné à être lu par un public en ligne. Le texte est souvent écrit à la 1ère personne. Le blog reflète les sentiments et les opinions de l'auteur.

Registre : standard ou familier.

Conventions relatives à un blog

Vous trouverez ci-contre la page d'un blog. Associez chacun des numéros dans le texte à la caractéristique correspondante. Indiquez le numéro dans la deuxième colonne.

Caractéristique	Numéro
Connivence avec le lecteur	
Date	
Discours direct pour rendre la situation plus vivante	
Espace pour les commentaires des lecteurs	
Heure à laquelle le message a été rédigé	
Hyperliens vers d'autres pages du site/vers d'autres sites	
Informations présentées sous forme de liste (parfois numérotée)	
Intertitre(s)	
Nom du blog	
Photo(s), vidéo(s)	
Phrase(s) exclamative(s)	
Registre familier	
Sous-titre	
Texte écrit à la 1ère personne	
Titre du billet	
Typographie variée (caractères gras, mots soulignés, lettres majuscules…)	

Alors, aujourd'hui ...

Le blog de Christelle ②

samedi 19 février 2011 ③

Notre séjour à La Clusaz ④

Cinq lessives plus tard, les courses faites, le frigo bien rempli, et me revoilà parmi vous !

Nous avons quitté La Clusaz ⑥ hier matin. Un peu précipitamment, il faut l'avouer !

Je ⑦ vous ⑧ raconte...

Le mauvais temps s'était installé depuis deux jours ⑨ et le soleil ne parvenait plus à percer les nuages. Le coton nuageux était vraiment trop épais et la pluie, la grêle, le brouillard et le froid emménagèrent autour de nous. Résultat : deux jours d'absence de plaisir sur les pistes.

Les vacances avaient pourtant bien commencé ! Du soleil, de la bonne neige (et assez pour tout le monde), des pistes larges et belles comme je les adore, un ciel bleu azur, les terrasses des cafés-restaurants en plein soleil. Les trois premiers jours ont été magnifiques, **les vacances étaient là !!!** ⑩

Puis il y a eu la tempête de neige. Du brouillard, de la neige, de la pluie, de la grêle... un truc incroyable ! Je n'avais jamais vu ça ! On ne voyait plus rien et la grêle nous piquait le visage.

Et puis, il y a eu un **lendemain identique**.

Et puis, il y a eu un **surlendemain identique**.

Je vous ⑧ rassure, ces quelques jours au ski n'ont pas été que « mauvais temps », « mauvais moments » et « vivement qu'on rentre à la maison ! » ⑪ Loin de là ! C'était quand même des vacances ! Et des vacances **au ski** ! Rien ne peut gâcher des vacances à la montagne, quel que soit le temps !!!! ⑩

« Les plus » de notre séjour ⑫

1) **Nos copains**. ⑨ Sans nos copains, les vacances de ski ne seraient pas les mêmes, il faut bien l'avouer.

2) **La station**. Belle, grande, d'immenses chalets, des animations jour et nuit, et un accueil chaleureux dans chaque restaurant, chaque boutique, chaque bar.

3) **La neige**. Superbe ! Et tellement ! Dommage que la tempête nous ait empêché d'en profiter davantage...

⑬ 4) **La piscine**. Accès illimité et gratuit pour notre résidence. C'est pas beau, ça ?!!! ⑭

5) **Les repas**. Copieux mais tellement bons !

6) **Le ski nocturne**. Eh oui, quelle chance nous avons eue ! Nous avons pu skier un soir de 20 h 30 à 22 h 30. À faire ! C'est magnifique !!! ⑩

7) **Le bon air**. Y'a pas mieux ! ⑭

8) **Les fous rires !** Avec les copains, donc... C'est beau, l'amitié ! Surtout au ski !

Finalement, **« les plus » ont pris le dessus !**

J'AIME CET ARTICLE   PARTAGER ⑥

Rédigé à 18:40 ⑮ | Publié par Christelle | 35 commentaire(s) ⑯

Mots clés : Mes amis, Mes loisirs, Mes vacances ⑥

Passage d'un journal intime

Un journal intime est personnel et n'est pas destiné à être lu par quelqu'un d'autre que son auteur. Il est écrit à la 1ère personne. L'auteur exprime ses sentiments et ses opinions. Un passage de journal intime partage certaines des conventions relatives à un blog.

Registre : standard ou familier.

Brochure, dépliant, prospectus

La **brochure**, le **dépliant** et le **prospectus** fournissent des informations descriptives destinées à informer ou à persuader. Ces documents sont parfois distribués gratuitement.

Registre : standard ou soutenu.

Conventions relatives à un prospectus

Lisez le prospectus qui suit. Associez chacun des numéros dans le texte à la caractéristique correspondante. Indiquez le numéro dans la deuxième colonne.

Caractéristique	Numéro
Coordonnées pour avoir plus d'informations	
Informations présentées sous forme de liste (parfois numérotée)	
Informations présentées sous forme de questions–réponses	
Intertitre(s)	
Phrase(s) impérative(s)	
Texte en colonnes	
Titre (et sujet) du prospectus	
Typographie variée (caractères gras, mots soulignés, lettres majuscules...)	

Parrainage de proximité d'enfants et adolescents en Charente-Maritime ❶

Le parrainage

C'est... ❷

La construction d'une **relation affective privilégiée** instituée entre un parrain et un filleul au travers de moments partagés.

Il s'inscrit dans une démarche de **bénévolat** et **de solidarité** entre les personnes et les **générations.** ❸ Il permet de tisser des liens affectifs et sociaux de type familial.

Ce n'est pas... ❷

- Prendre la place d'un parent.
- Un accueil ponctuel sans lendemain.
- Une « mesure » sociale de placement.
- « La solution miracle » car il demande une préparation et un accompagnement attentif, et il ne convient pas à toutes les situations.

Qui peut devenir filleul ?

Tout enfant mineur, lorsque ses parents et lui-même le souhaitent et en font la demande.

Qui peut devenir parrain/marraine ?

Tout adulte qui souhaite s'investir bénévolement dans une relation individuelle avec un enfant, en accord avec ses parents ou ses représentants légaux.

Sa candidature est appréciée par la commission de parrainage après information, entretiens, réflexion...

Pourquoi ? ❷

Aujourd'hui la famille est souvent dispersée, les parents sont parfois isolés, les générations peuvent manquer de contact entre elles.

Certains enfants n'ont pas auprès d'eux d'adultes de référence en dehors de leurs parents... la relation avec un adulte « complice » se révèle structurante, sécurisante, pour un enfant.

❻

Ses effets vont bien au-delà de l'enfance... Elle permet d'élargir le cercle familial.

Dans quel objectif ?

Le parrainage est une ouverture vers de nouvelles expériences de vie.

Il favorise la création de liens, d'appuis affectifs et éducatifs.

Il s'inscrit dans une démarche de soutien à la parentalité.

Son objectif n'est ni de suppléer les parents ni de se substituer aux professionnels. ❸

Comment ? ❷

En fonction de l'attente des parents, des besoins du filleul et des possibilités du parrain, le parrainage se construit progressivement dans la souplesse et la régularité.

Il peut prendre des formes diverses :

- Rencontres, visites.
- Accueil au domicile du parrain pour des temps déterminés d'un commun accord (après-midi, week-end, séjours).

❹

Histoire de rencontre et de relation, chaque parrainage est unique et évolue au fil du temps.

N'hésitez pas ❼ **à nous contacter par téléphone, par courriel, ou à nous rencontrer dans nos délégations locales.**

Comité de Parrainage 17
5 rue du Bois d'Huré
17140 Lagord
Tél: 05 46 51 84 76 ❽

Tract, annonce publicitaire

- Un **tract** est écrit dans un but de propagande ou de mobilisation. On présente un programme ou on justifie une prise de position.
- Une **annonce publicitaire** est écrite dans le but de faire connaître un produit ou un type de produit et d'inciter le lecteur à l'acquérir.

Le tract et l'annonce publicitaire partagent certaines des conventions relatives à une brochure.

Registre : standard ou soutenu.

Correspondance écrite

Il y en a plusieurs types. Les exemples fournis par les textes modèles ci-dessous sont :

1 courrier des lecteurs

2 courriel personnel

3 lettre officielle.

1 Courrier des lecteurs

Un lecteur/une lectrice réagit à un article qui a été publié récemment dans un journal ou un magazine. Il/elle rédige une lettre qui sera publiée dans la rubrique « (Le) Courrier des lecteurs ». Il/elle peut approuver ou désapprouver le point de vue adopté par le journal/magazine dans l'article. Il/elle explique et justifie son opinion.

Registre : standard ou soutenu.

Conventions relatives à une lettre parue au « Courrier des lecteurs »

Vous trouverez ci-contre une lettre parue dans le magazine *Jeunes*. Associez chacun des numéros dans le texte à la caractéristique correspondante. Indiquez le numéro dans la deuxième colonne.

Caractéristique	Numéro
Connecteurs logiques	
Connivence avec le lecteur (utilisation du « nous » inclusif)	
Conclusion: solution(s) proposée(s)	
Nom de l'auteur (et parfois sa fonction/son métier et sa ville)	
Paragraphes	
Référence à l'article auquel on réagit	
Rubrique	
Texte en colonnes	
Titre (qui précise le sujet)	

Courrier des lecteurs ❶

Cannabis : tolérance zéro ❷

À nouveau, le sujet de la dépénalisation du cannabis est à la une (article du 20 février ❸). Arrêtons de nous voiler la face une bonne fois pour toutes. Quel message donnons-nous ❹ à nos jeunes si nous légalisons l'usage du cannabis ?

Par mon expérience professionnelle, j'ai pu constater que les jeunes qui commençaient à prendre cette drogue soi-disant douce devenaient très rapidement dépendants. D'une consommation mensuelle, ils passent en quelques mois à une consommation journalière. Puis ❻ ils ajoutent à cela l'alcool et plus tard dans la soirée les tranquillisants pour calmer les angoisses. Cela devient alors ❻ de la poly-toxicomanie.

Bien sûr, cela n'est pas sans conséquences, parfois tragiques : angoisses, dévalorisation de soi, absentéisme scolaire qui peut durer des mois avant que le problème soit reconnu et l'origine de celui-ci trouvée : dépression, ❼ vols, trafics de drogues, ruptures avec la famille et les amis, et enfin tentatives de suicide.

Même si ❻ tous les consommateurs de cannabis ne sont pas concernés par tous ces problèmes, on remarque une nette augmentation de la consommation de cette drogue en général, également chez les très jeunes. Bien souvent ❻, les parents ne savent pas comment agir face à cette spirale infernale et le discours ambigu que les hommes politiques tiennent n'aide en rien. Le trafic ne serait pas plus maîtrisé en dépénalisant cette drogue ; cela ne ferait qu'encourager les utilisateurs et trafiquants de drogues plus dures à vendre leurs produits à des jeunes proies très faciles.

La seule solution, c'est de donner plus de moyens à nos policiers, de créer des lieux adaptés aux sanctions, de renforcer les contrôles et de prévenir l'utilisation de drogues de manière plus large. Mais surtout, la seule attitude à adopter, c'est : tolérance zéro. ❽

Sarah H, assistante médicale en pédiatrie ❾

2 Courriel personnel

Un courriel peut être personnel ou professionnel. Dans le cas d'un courriel personnel, on demande des nouvelles et on en donne. On exprime souvent ses opinions et ses sentiments. Le style est libre.

Registre : familier ou standard.

Conventions relatives à un courriel personnel

Lisez le courriel qui suit. Associez chacun des numéros dans le texte à la caractéristique correspondante. Indiquez le numéro dans la deuxième colonne.

Caractéristique	Numéro
Adresses courriel de l'expéditeur et du destinataire	
Date, heure	
Formule d'appel	
Formule finale	
Objet du message	
Paragraphes	
Phrases exclamatives	
Registre familier/courant (tutoiement)	
Signature (prénom)	

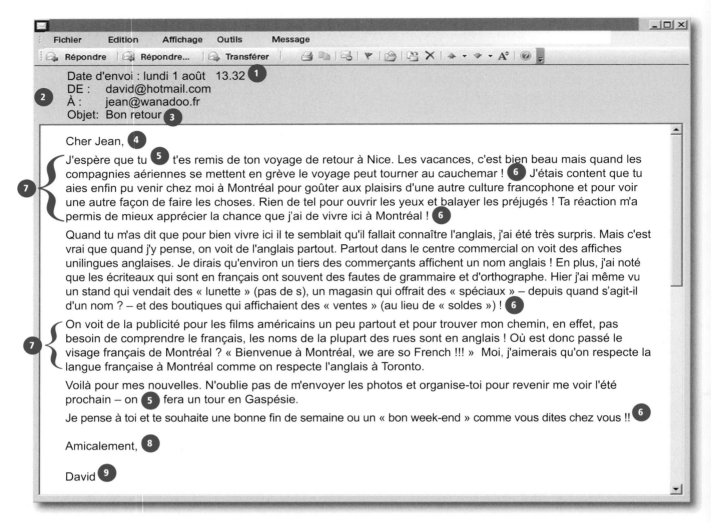

Date d'envoi : lundi 1 août   13.32 **(1)**
DE :   david@hotmail.com
À :   jean@wanadoo.fr   **(2)**
Objet: Bon retour **(3)**

Cher Jean, **(4)**

(7) J'espère que tu **(5)** t'es remis de ton voyage de retour à Nice. Les vacances, c'est bien beau mais quand les compagnies aériennes se mettent en grève le voyage peut tourner au cauchemar ! **(6)** J'étais content que tu aies enfin pu venir chez moi à Montréal pour goûter aux plaisirs d'une autre culture francophone et pour voir une autre façon de faire les choses. Rien de tel pour ouvrir les yeux et balayer les préjugés ! Ta réaction m'a permis de mieux apprécier la chance que j'ai de vivre ici à Montréal ! **(6)**

Quand tu m'as dit que pour bien vivre ici il te semblait qu'il fallait connaître l'anglais, j'ai été très surpris. Mais c'est vrai que quand j'y pense, on voit de l'anglais partout. Partout dans le centre commercial on voit des affiches unilingues anglaises. Je dirais qu'environ un tiers des commerçants affichent un nom anglais ! En plus, j'ai noté que les écriteaux qui sont en français ont souvent des fautes de grammaire et d'orthographe. Hier j'ai même vu un stand qui vendait des « lunette » (pas de s), un magasin qui offrait des « spéciaux » – depuis quand s'agit-il d'un nom ? – et des boutiques qui affichaient des « ventes » (au lieu de « soldes ») ! **(6)**

(7) On voit de la publicité pour les films américains un peu partout et pour trouver mon chemin, en effet, pas besoin de comprendre le français, les noms de la plupart des rues sont en anglais ! Où est donc passé le visage français de Montréal ? « Bienvenue à Montréal, we are so French !!! » Moi, j'aimerais qu'on respecte la langue française à Montréal comme on respecte l'anglais à Toronto.

Voilà pour mes nouvelles. N'oublie pas de m'envoyer les photos et organise-toi pour revenir me voir l'été prochain – on **(5)** fera un tour en Gaspésie.

Je pense à toi et te souhaite une bonne fin de semaine ou un « bon week-end » comme vous dites chez vous !! **(6)**

Amicalement, **(8)**

David **(9)**

3 Lettre officielle

Les buts communicatifs de la lettre officielle sont divers : informer, remercier, demander, postuler, protester… Dans l'exemple proposé ci-dessous, il s'agit d'un appel au grand public sous forme de lettre officielle. Il s'agit d'une sollicitation faite à un groupe d'électeurs dans l'espoir d'obtenir une réponse favorable.

Registre : standard ou soutenu.

Conventions relatives à une lettre officielle

Lisez la lettre officielle (appel au public) qui suit. Associez chacun des numéros dans le texte à la caractéristique correspondante. Indiquez le numéro dans la deuxième colonne. Vous trouverez un autre exemple d'une lettre officielle à la page 118.

Caractéristique	Numéro
Connivence avec le lecteur*	
Exhortations, phrases impératives*	
Formule d'appel	
Formule finale	
Lieu, date	

* ces caractéristiques sont spécifiques à l'appel au public

Objet de la lettre	
Paragraphes	
Répétition pour convaincre	
Signature (prénom et nom)	

Poitou–Charentes, le 20 mars **1**

Chère Madame, Cher Monsieur, Chère Mademoiselle, **2**

Merci du fond du cœur pour votre vote de dimanche dernier qui m'a placée largement en tête.

Amplifions **3** cet élan magnifique.

Dimanche prochain vous allez choisir votre présidente de région. J'ai besoin de vous pour continuer à bien m'occuper de vous **5**. Et pour encore faire avancer notre Poitou–Charentes dans tous les domaines : éducation, emploi, santé, transport, environnement etc.

Je suis candidate pour continuer à bien prendre soin de vous et de la région, à plein temps.

En face, le candidat UMP est déjà ministre du gouvernement et en plus **6**, président du conseil général. Et il veut, en plus **6**, être président de région. Ce n'est pas sérieux. C'est déjà impossible de faire bien les deux.

Ne vous abstenez pas. **7** N'oubliez pas **7** que, dans le monde, des hommes et des femmes risquent leur vie pour avoir le droit de vote. Je me montrerai digne de la confiance que je vous demande pour dimanche prochain, par mon travail, comme je l'ai prouvé au cours de ces années.

Plus nous serons **6** nombreux, rassemblés et utiles, plus nous serons **6** forts pour bâtir un avenir meilleur pour chacun. Entre les deux tours, europe écologie et les verts nous **3** ont rejoints ainsi que des personnes engagées à gauche pour la justice sociale et le respect des salaires et de la dignité de travail. Mais aussi ceux qui ne sont ni de droite, ni de gauche, et qui veulent une vie meilleure.

J'en appelle **7** aussi aux jeunes, et aux femmes seules, qui se débattent pour trouver leur place dans la société et qui se disent « à quoi bon voter ? » Je vous dis, moi, que la région va vous aider à vous en sortir. Et puis, je refuse **6** la taxe carbone, je refuse **6** l'endettement des familles pendant que les banques s'engraissent, je refuse **6** la baisse des salaires, tout ce qui nous tire vers le bas.

Oui, venez voter pour construire votre avenir et celui de la région que nous aimons.

Votre dévouée **8**

Ségolène Royal **9**

Critique

Il s'agit d'un compte rendu de livre, de film, de programme télévisé, de concert, de restaurant… Il est publié dans un journal ou un magazine. Les opinions exprimées sont celles du journaliste et sont subjectives.

Registre : courant ou soutenu.

Conventions relatives à une critique

Lisez la critique de film qui suit. Associez chacun des numéros dans le texte à la caractéristique correspondante. Indiquez le numéro dans la deuxième colonne.

Caractéristique*	Numéro
Bref résumé de l'intrigue	
Citation(s) (tirée(s) du film)	
Date	
Évaluation du jeu des acteurs*	
Évaluation du scénario*	
Évaluation générale du film*	
Intertitre(s)	
Nom du critique	
Note ou classement attribué(e)	
Paragraphes	
Photo(s) légendée(s)	
Rubrique	
Surtitre	
Titre	

* ces caractéristiques sont spécifiques à la critique de film

CINÉMA ①
Le vendredi 15 février ②

Film québécois ③

Tout est parfait : droit au cœur ④

★★★★ ⑤

Une critique de Michel Coulombe ⑥

L'acteur Claude Legault

Rares sont les films qui visent droit au cœur. *Tout est parfait*, un drame au titre oh combien ironique, est de ceux-là. Le film offre le portrait d'une jeunesse à la dérive. Sans faire la morale ni verser dans l'angélisme.

Pacte de suicide ⑧

On pourrait affirmer que le film raconte l'histoire d'un jeune homme qui n'aurait pas eu le courage de se suicider. Il a fait un pacte de suicide avec ses amis. Or, tous s'enlèvent la vie, sauf lui. Le voilà donc enfermé dans son mutisme, aux prises avec un serment qu'il n'a pas respecté et le fantôme des disparus ⑩.

Tout cela est vrai, sauf qu'on n'évoque jamais directement ce pacte dans *Tout est parfait*. Jamais on ne fait référence au manque de courage de Josh. Jamais on ne parle ouvertement des raisons qui poussent des adolescents à mettre brutalement fin à leurs jours. Ainsi en va-t-il de ce film. Le plus important c'est encore ce qu'on n'y dit pas. La colère, la détresse, le chagrin.

Mystère et complexité ⑧

Le scénario de Guillaume Vigneault a la justesse des histoires que racontent les adolescents lorsqu'ils évoquent avec des mots ou des images ce qui les trouble ou les effraie. Les explications en moins. Cela contribue à faire du premier long métrage d'Yves-Christian Fournier une œuvre véritablement cinématographique. Avec sa part de mystère. Avec sa complexité aussi, puisque s'entremêlent les trois temps du récit, le présent douloureux, le passé obsédant, le futur effrayant. Avec sa langue rude, et sa musique branchée sur la culture anglophone. Avec sa géographie déroutante, maisons interchangeables et environnement industriel.

Maxime Dumontier, l'interprète de Josh, donne au film toute sa vérité. ⑫ Celle d'un jeune homme peu bavard qui n'a nullement envie de s'expliquer de long en large. Ce qui ne l'empêche pas d'avoir mal et de constater la tristesse infinie des parents de ses amis. « J'aurais dû voir quelque chose, mais j'ai rien vu.» ⑬ Voilà le genre de constat d'impuissance auquel en sont réduits les survivants.

L'année vient tout juste de commencer. Et déjà elle paraît très prometteuse pour le cinéma québécois. Du moins le film d'Yves-Christian Fournier est à la hauteur des attentes suscitées par celui de Lyne Charlebois, *Borderline*. Deux premiers films modernes, urbains, sensibles. ⑭ Deux réussites. ⑭ Oui, pour l'instant, tout semble parfait. ⑭

www.radio-canada.ca, 2008

Dissertation

Il s'agit d'un texte argumentatif, c'est-à-dire un texte qui va vous permettre d'évaluer un point de vue et d'exprimer le vôtre. Vous devez répondre de manière structurée et claire à la question.

Registre : soutenu.

Conventions relatives à une dissertation

- Connecteurs logiques
- Exemples pour illustrer les arguments
- Paragraphes :
  - une introduction
  - un développement, c'est-à-dire, des idées ou des arguments clairement développés
  - une conclusion
- Titres des ouvrages soulignés

Vous trouverez un modèle de dissertation à la page 133.

Information de presse

Il s'agit d'un article factuel qui décrit et explique un événement récent. L'accent est mis sur les faits et non pas sur les opinions. Les événements sont classés par ordre chronologique. Le journaliste précise les personnes impliquées, le lieu, l'heure, les causes et les conséquences de l'événement.

Registre : standard ou soutenu.

Conventions relatives à l'information de presse

Lisez l'information de presse qui suit. Associez chacun des numéros dans le texte à la caractéristique correspondante. Indiquez le numéro dans la deuxième colonne.

Caractéristique	Numéro
Chapeau	
Citation(s) (encadrée(s)) de spécialistes	
Connecteurs logiques	
Connivence avec le lecteur	
Conclusion tournée vers l'avenir	
Données (chiffrées)	
Lieu	
Nom du journaliste	
Paragraphes	
Photo(s) légendée(s)	
Rubrique	
Surtitre	
Texte en colonnes	
Titre	

Nouméa[1]

Baie-des-Citrons [2]

La rampe d'accès à l'eau pour handicapés bientôt prête [3]

Enfin la baignade accessible à tous[4]

Les travaux d'allongement de la rampe d'accès à la plage permettront aux personnes à mobilité réduite un accès direct à l'eau. [5]

S'il existe deux rampes d'accès aux plages de Nouméa, une à l'anse Vata et une à la Baie des Citrons, elles étaient très peu utilisées par les personnes à mobilité réduite. Trop courtes, elles s'arrêtent sur la plage et ne leur permettent pas de se baigner.

« *Les roues des fauteuils se plantaient dans le sable et il était impossible de s'en sortir tout seul,* explique Alexander Oesterlin, président de la Ligue calédonienne de sport adapté et handisport (LCSAH), membre de la commission d'accessibilité de la ville. *Nous avions proposé d'allonger ces rampes d'accès jusqu'à l'eau ou de mettre un tapis synthétique pour éviter l'enlisement dans le sable.* » [7]

> **« *Les roues des fauteuils se plantaient dans le sable et il était impossible de s'en sortir tout seul.* »** [7]

Certains handicapés peuvent aller directement à l'eau avec un fauteuil amphibie facilitant la baignade, ou encore [8] avec celui qu'ils utilisent pour faire leur toilette. Les autres se transfèrent du fauteuil sur le sable et vont à l'eau en rampant.

La plage de la Baie des Citrons est désormais [8] *accessible aux fauteuils roulants jusqu'à la mer*

[10]

Grâce à [8] une aide de l'État, la ville a pu financer les 5 millions de francs [11] de travaux nécessaires à l'allongement de la rampe de la Baie des Citrons. « *Les travaux s'achèvent et la réception de l'ouvrage est prévue pour la fin de la semaine* » [7] explique Bruno Cerreti, chef de la subdivision espaces verts à la ville. Cet aménagement à la Baie des Citrons devrait faciliter la vie de nombreux handicapés, mais pas seulement. Parents avec une poussette, jeunes enfants, personnes âgées, tout le monde peut en profiter.

Rien n'est prévu sur la plage de l'anse Vata, mais gageons [12] que la ville, grâce au fonds interministériel d'accessibilité aux handicapés (Flah), l'envisagera pour l'avenir. [6] [13]

Ludovic Lafon [14]

Les Nouvelles Calédoniennes,
22 janvier 2010, www.lnc.nc

Instructions/directives

Il s'agit d'une série d'instructions, de suggestions ou de directives formelles ou informelles selon le contexte. Elles se trouvent souvent dans un guide, mais elles peuvent également être comprises dans un autre type de texte, tel le courriel, le discours ou la brochure.

Registre : standard ou soutenu.

Conventions relatives à un guide

Vous trouverez ci-après la page d'un guide. Associez chacun des numéros dans le texte à la caractéristique correspondante. Indiquez le numéro dans la deuxième colonne.

Caractéristique	Numéro
Citation(s)	
Données (chiffrées)	
Illustration(s)	
Informations présentées sous forme de liste (parfois numérotée)	
Informations présentées sous forme de questions–réponses	
Intertitre(s)	
Phrases impératives	
Répétition pour insister	
Sous-titre	
Titre	
Typographie variée	

Prévention incendie ❶
EN FORÊT, PAS DE FEU ! ❷

Interdisez-vous ❸ toute utilisation du feu.
Vous pouvez être à l'origine d'un départ de feu et faire subir à d'autres de graves dommages.

À proximité d'un incendie, vous êtes en danger ❹

❺
- La fumée est toxique,
- Le feu « court » plus vite qu'un randonneur,
- La panique peut provoquer des accidents mortels.

Face au feu, la conduite à tenir ❹
Quelques recommandations

❺
- Gardez ❸ votre calme,
- Éloignez-vous du feu, jamais dans le sens du feu,
- Si vous êtes surpris par la fumée, respirez à travers un linge humide.

Anticiper vos activités
Pour vos activités en pleine nature
- Consultez la météo,
- Prenez votre téléphone mobile,
- Prévenez votre entourage de votre itinéraire,
- Ne quittez jamais ❸ les chemins balisés.

Réglementation à connaître
Pour vous protéger et préserver la nature
- Toute l'année, le code forestier interdit de « porter ou d'allumer du feu à l'intérieur et jusqu'à 200 m des bois, forêts, plantations, landes et maquis ». ❻ Ces dispositions s'appliquent également pour l'interdiction de fumer en forêt.
- En période à risque, l'accès à certains massifs peut aussi être limité ou ➡ interdit selon les arrêtés préfectoraux en vigueur dans chaque département.

Le saviez-vous ?

7
- Les auteurs, même involontaires, d'un incendie sont systématiquement recherchés et poursuivis.
- Allumer une cigarette ou un feu de camp est passible d'une amende de 135 euros **8** qui sera aggravée en cas de responsabilité de dégâts à autrui.

Donner l'alerte

Téléphonez **9** **3** au **18** ou **112** pour prévenir les secours.

18 Vous êtes témoin
- D'un départ de feu,
- D'une fumée suspecte...

112 Utilisez sur autoroute les **bornes orange** **9** placées tous les 2 km.

Soyez **11** rapide pour **ALERTER** **9**
C'est un facteur clé pour limiter le sinistre.

Soyez **11** précis pour **LOCALISER**
Les secours seront plus vite sur les lieux.

Soyez **11** clair pour **RENSEIGNER**

Plusieurs précisions vous seront demandées par l'opérateur :
- Votre identité pour pouvoir vous rappeler si nécessaire,
- Le lieu de l'incendie et sa cause éventuelle,
- La nature des dégâts et des menaces constatées.

4 INCENDIES SUR 5 **8** SONT DUS À L'IMPRUDENCE

www.laregion.fr   www.laregion-risquesnaturels.fr   www.sunfrance.com

Comité régional du tourisme Languedoc-Roussillon

Comité régional du tourisme Languedoc-Roussillon

Interview

Il s'agit d'un dialogue avec questions et réponses. L'accent est mis sur des réponses détaillées. Cet entretien comporte parfois une rapide présentation des invités, du décor et des circonstances de l'interview. Ce type de texte est généralement publié dans un magazine ou dans un journal. Il partage donc certains des éléments qui conviennent à l'article ou à l'information de presse.

Registre : courant.

Conventions relatives à une interview

Lisez l'interview qui suit. Associez chacun des numéros dans le texte à la caractéristique correspondante. Indiquez le numéro dans la deuxième colonne.

Caractéristique	Numéro
Introduction (présentation de la personne interviewée)	
Nom du journal/magazine	
Nom du journaliste	
Question–réponse	
Question–réponse tournée vers l'avenir	
Rubrique du journal/magazine	
Surtitre	
Texte en colonnes	
Titre de l'article	

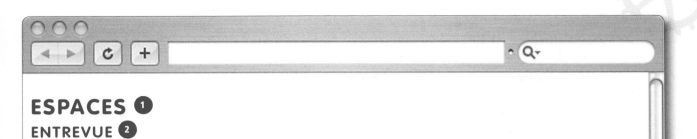

ESPACES ❶

ENTREVUE ❷

Julie Payette ❸

Dans une galaxie près de chez nous ❹

Julie Payette a fait de l'espace son terrain de jeu. À 46 ans, cette astronaute québécoise expatriée à Houston (Texas) pour les besoins des missions spatiales et de son entraînement, a déjà passé 25 jours, 11 heures et 58 minutes dans l'espace. Sa dernière mission remonte à l'été dernier. Quotidiennement, elle est soumise à une rigueur mentale et physique qui l'oblige à entretenir méticuleusement son corps sur Terre comme dans l'espace. Rencontre avec une aventurière peu banale.

Par **Frédérique Sauvée** ❻

Lors de vos missions dans l'espace et de vos entraînements au sol, votre corps est soumis à de rudes épreuves. Comment vous maintenez-vous en forme?

L'activité physique est le garant de l'équilibre du corps. Pour pouvoir travailler et rester concentrés de longues heures comme nous le faisons et être toujours au meilleur de notre forme, nous devons faire beaucoup de sport. Au centre d'entraînement de Houston, nous avons accès à une salle de sport ou nous entraînons quotidiennement notre corps. Et comme j'adore me dépenser, ma famille et moi sommes abonnés à une salle de gym pour avoir du plaisir ensemble.

Lors de vos missions dans l'espace, continuez-vous à faire du sport?

C'est primordial, voire obligatoire d'avoir un entraînement physique quotidien dans la station spatiale internationale. Dans l'espace, notre corps

❽

est en apesanteur et nous ne nous servons quasiment pas de nos jambes pour nous déplacer, seulement de nos bras. Ces muscles ont donc tendance à s'atrophier très rapidement et les os deviennent fragiles. Un risque grave pour le retour sur Terre. Nous devons donc être en très bonne condition physique avant le départ et la conserver tout au long du séjour. Il y a donc une séance d'une heure quotidienne d'exercices physiques. Nous nous entraînons à l'aide d'un vélo-ergomètre par exemple, une sorte de vélo d'exercice.

On parle beaucoup de tourisme spatial en ce moment. L'espace va-t-il devenir la nouvelle destination tendance ?

Pourquoi pas ? C'est une chose vraiment merveilleuse et je souhaiterais que le tout le monde ait un jour la chance de pouvoir admirer la Terre vue de l'espace. Mais nous ne sommes pas encore rendus là. Même si les infrastructures spatiales sont de plus en plus prêtes à accueillir des « touristes », les candidats doivent néanmoins subir un entraînement très poussé et qui n'est pas accessible à n'importe qui.

Quel est votre programme pour les semaines et les mois à venir ?

Pour le moment je travaille encore sur la mission STS-127 que nous venons de réaliser cet été. Nous devons, depuis notre retour sur Terre, établir des bilans techniques et présenter les résultats dans les différents pays qui ont contribué au projet. Et cela, jusqu'à la fin du mois de décembre. Ensuite, j'aurai enfin du temps libre pour moi et ma famille à Noël. Nous irons sûrement passer des vacances au Québec pour profiter de la neige et du ski !

❾
❼

Espaces, mars 2010, www.espaces.qc.ca

Présentation, discours, exposé, introduction à un débat

Celui qui parle s'adresse directement au public. Un discours peut être argumentatif (débat) ou explicatif (compte rendu d'un projet, proposition faite devant un comité, discours de bienvenue, etc.).

Registre : courant ou soutenu.

Conventions relatives à un discours

Lisez le discours qui suit. Associez chacun des numéros dans le texte à la caractéristique correspondante. Indiquez le numéro dans la deuxième colonne.

Caractéristique	Numéro
Citation(s)	
Conclusion tournée vers l'avenir	
Connecteurs logiques	
Connivence avec l'auditoire	
Formule d'appel	
Formule finale	
Objet du discours	
Phrase-clé qui éveille l'intérêt du public	
Titre/contexte du discours	

Discours à l'occasion de la journée mondiale des télécommunications et de la société de l'information. **1**

Mesdames, Messieurs, Chers compatriotes, **2**

L'Union Internationale des Télécommunications célèbre le 145ème anniversaire de la journée mondiale des télécommunications et de la société de l'information, placée sous le thème : « *Mieux vivre dans la ville grâce aux Technologies de l'Information et de la Communication (TIC)* ». **3**

En effet **4**, il est impossible aujourd'hui d'imaginer la vie sans les Technologies de l'Information et de la Communication. Qu'il s'agisse de la télévision, de la téléphonie mobile ou d'Internet, les Technologies de l'Information et de la Communication ont contribué à améliorer nos conditions de vie, en facilitant le travail et les loisirs des milliards de personnes. Bref **4**, elles ont changé le monde. **5**

L'Union Internationale des Télécommunications a pris la résolution d'utiliser les Technologies de l'Information et de la Communication pour améliorer les conditions de vie dans les villes et pour les rendre plus durables, en harmonie avec la vie de leurs habitants.

En milieu urbain, les Technologies de l'Information et de la Communication ont peu à peu imposé des styles de vie et des modes de comportement. Elles ont contribué à développer les échanges et le commerce, à améliorer la gouvernance et les services des collectivités territoriales. Elles ont aussi révolutionné les loisirs grâce au développement des communications fixes et mobiles à haut débit.

Le Ministère des Postes, des Télécommunications et des Nouvelles Technologies de la Communication a élaboré une cyberstratégie qui se décline en deux piliers, à ➡

savoir **4** la gouvernance en ligne et les affaires électroniques. Cette politique intègre la vision du Président de la république Monsieur Denis Sassou Nguesso qui consiste à « arrimer le Congo à la modernité pour que l'informatique et Internet notamment, soient accessibles au plus grand nombre ». **6**

Ces infrastructures permettront d'assurer aux Congolais un accès équitable et financièrement abordable à l'information et à la connaissance, afin que chacun puisse réaliser ses ambitions.

Ces réalisations nous en sommes convaincus favoriseront le développement socio-économique de notre **7** pays par la création d'emplois, et amélioreront de ce fait les conditions de vie dans nos **7** villes.

C'est donc **4** sur cette note d'espoir que j'invite tout investisseur dans ce domaine à apporter sa pierre à l'édification de la société de l'information, afin d' **4** améliorer la qualité de vie dans nos **7** villes. } **8**

Je vous remercie. **9**

www.moungalla.info, 2010

Proposition (niveau supérieur seulement)

Il s'agit d'une demande ou d'une suggestion. Celui qui soumet la proposition espère recevoir une réponse qui lui accordera ce qu'il demande.

La proposition s'insère dans un autre type de texte, tel un rapport ou une lettre. Dans l'exemple ci-dessous, la proposition fait partie d'une lettre officielle et a donc les conventions de forme de ce type de texte.

Registre : soutenu.

Conventions relatives à une proposition

Lisez la proposition qui suit. Associez chacun des numéros dans le texte à la caractéristique correspondante. Indiquez le numéro dans la deuxième colonne.

Caractéristique	Numéro
Appel direct au destinataire de la lettre	
Connecteurs logiques	
Coordonnées de l'expéditeur	
Coordonnées du destinataire	
Fonction de l'expéditeur	
Formule d'appel	
Formule finale	
Lieu, date	
Objet de la lettre	
Paragraphes	
Signature (prénom et nom)	

Michel Robert

Délégué de classe

8 impasse des Écoles

17 600 Saintes **1**

Madame le proviseur

Lycée Carnot

13, rue du Luthier

17600 Saujon **2**

Saintes, le 20 avril 2011 **3**

Madame le proviseur, **4**

En tant que délégué de la classe de Terminale, j'ai le plaisir de vous soumettre la suggestion suivante concernant la préparation aux épreuves du Baccalauréat.

Nous proposons que vous libériez les élèves de Terminale de toute présence au lycée à partir du 1ᵉʳ avril **5** . En effet **6** , nous pensons que nous aurons intérêt à ne pas suivre les cours au lycée pendant les quatre semaines qui précèdent la première épreuve. Les enseignants ayant terminé le programme, nous saurons employer ces journées à revoir tout ce que nous avons appris pendant les deux années du Diplôme. Nous n'avons pas seulement l'intention de travailler chacun de notre côté : nous avons aussi l'intention d'organiser des rencontres pendant lesquelles nous nous retrouverons avec des camarades afin de perfectionner la préparation aux épreuves.

Cette éventualité pourrait également **6** encourager les deux ou trois professeurs qui ont pris du retard à s'organiser pour terminer le programme d'ici le 1ᵉʳ avril. Nous pensons par ailleurs **6** que nos professeurs ne seront pas désolés de disposer de quelques semaines sans cours avec notre classe. Ils ont assumé leur responsabilité. Laissez-nous assumer la nôtre pendant ces dernières semaines.

7

La plupart des élèves concernés choisiront de travailler chez eux. Il y en a quelques-uns qui préféreront se rendre au lycée pour ce travail individuel. Est-ce que ces élèves pourraient avoir accès au Centre de Documentation, pendant les heures d'ouverture de l'établissement, bien entendu ? Et peut-être aussi manger à la cantine ?

7

Il s'agit, Madame le proviseur, **8** d'une proposition mûrement réfléchie. Nous en avons longuement discuté et c'est l'ensemble de la classe qui m'a demandé de vous la soumettre.

Il va de soi que **6** nous avons tenu nos familles informées de cette proposition, et qu'elles nous soutiennent dans notre démarche.

Dans l'attente d'une réponse favorable, je vous prie d'assurer, Madame le proviseur, l'assurance de nos sentiments distingués. **9**

Michel Robert, **10**

Délégué de la classe de Terminale **11**

Rapport officiel

Il s'agit d'un texte exposant les conclusions tirées par une personne ou plusieurs personnes chargées d'une enquête.

Registre : courant ou soutenu.

Conventions relatives à un rapport officiel

Lisez le rapport officiel qui suit. Associez chacun des numéros dans le texte à la caractéristique correspondante. Indiquez le numéro dans la deuxième colonne.

Caractéristique	Numéro
Conclusion (fait le résumé des points-clés)	
Connecteur(s) logique(s)	
Date	3
Données (chiffrées)	
En-tête	
Informations sous forme de liste (parfois numérotée)	
Informations sous forme de texte	
Intertitres	
Introduction qui explique ce qui motive le rapport	5
Signature	10, 11

Objet: L'école numérique
De la part de : Marie-Hélène Dupuis, élève de terminale
À l'attention du chef de l'établissement et des professeurs
Date : le 18 novembre 2011 **2**

3 {

Je suis la responsable du groupe d'élèves qui travaille à la bibliothèque deux fois par semaine dans le cadre de C.A.S. (Créativité, Action et Service). Ce travail bénévole fait partie du programme du Baccalauréat International.

Suite à un don financier important à l'école de la part du conseil régional, notre chef d'établissement nous a demandé de rédiger un rapport sur l'état actuel de l'équipement informatique à l'école et de proposer des améliorations à cette infrastructure. Je vous remets ce rapport de la part de notre groupe.

Nos démarches **4**

Dans un premier temps, nous avons répertorié les ordinateurs, projecteurs et tableaux numériques déjà disponibles aussi bien dans les salles de classe que dans le centre de documentation et les bureaux des professeurs. Nous avons également examiné l'utilisation de ces ressources.

Par la suite, nous avons réalisé un sondage pour déterminer les attentes des élèves et des professeurs dans ce domaine.

Les résultats de notre enquête **4**

La France se classe au 8e **6** rang européen en ce qui concerne le taux d'équipement informatique de ses écoles, mais ne dépasse pas la 24e place (sur 27) **6** en terme d'usage. D'après nos recherches, notre école semble être tout à fait typique à cet égard.

Par ailleurs, l'équipement dont l'école dispose est plutôt démodé et il tombe souvent en panne. Trois professeurs sur cinq **6** affirment ne pas s'en servir pour cette raison. Huit élèves sur dix soutiennent que les connections sont trop lentes.

Les attentes des élèves et des professeurs **4**

Les attentes suivantes sont classées selon l'ordre de priorité qui a été établi par les élèves et les professeurs.

Équipement :

7 {

1. Connecter en haut débit notre établissement scolaire d'ici l'année prochaine.

2. Équiper chaque classe de tableaux numériques interactifs.

3. Mettre en place un « plan ordinateur » personnel pour les lycéens avec un prêt à taux zéro **6** assorti d'une aide supplémentaire offerte aux élèves boursiers.

Formation :

7 {

4. Former les professeurs à utiliser le matériel.

5. Embaucher un technicien supplémentaire.

6. Développer les compétences des élèves dans ce domaine grâce à des cours facultatifs.

Conclusion

8 {

Les manuels scolaires, version papier, disparaîtront d'ici trois à dix ans. En effet **9**, la plupart d'entre eux demandent déjà une utilisation du numérique. Il faut que notre lycée soit prêt pour cette évolution.

Les technologies de l'information sont au cœur de la société du XXIe siècle. Elles offrent aussi **9** de nombreuses possibilités qui permettent d'enrichir l'enseignement et l'apprentissage. Il nous apparaît donc **9** essentiel qu'elles soient intégrées de manière efficace dans la vie de notre établissement.

Marie-Hélène Dupuis **10**

Entraînez-vous !

Lisez les extraits suivants et identifiez les types de textes en choisissant parmi ceux dans la liste proposée ci-dessous. Chaque type de texte est utilisé une fois. Un exemple vous est donné.

Types de textes

Annonce publicitaire
Article
Courriel
Discours
Guide de recommandations
Information de presse
Interview
Lettre officielle
Passage de journal intime
Rapport officiel
Tract

Exemple

> Cela m'a fait vraiment grand plaisir de te voir la semaine dernière. Dis le « bonjour » à tes parents de ma part. Et n'oublie pas que c'est à toi de décider ce que tu veux faire à l'avenir et non pas aux autres de décider à ta place – aussi bien intentionnés qu'ils soient !
> Grosses bises

Ce texte est **un courriel.**

1

Avez-vous pensé à installer une éolienne chez vous ?

- Produisez votre propre électricité grâce à une énergie gratuite.

- Nos éoliennes sont pratiquement silencieuses : elles font moins de bruit qu'un lave-vaisselle.

- Nos éoliennes sont jolies ! Imaginez une belle fleur blanche !

- Avec notre éolienne dans votre jardin, vous êtes dans le vent !

  Pour plus d'information, appelez au

  0546030168

Ce texte est un(e) ...annonce... publicitaire

2

ALTERCATION : UN MORT DANS UNE MAISON DE RETRAITE

Une femme de 98 ans est décédée mardi soir dans une maison de retraite, après s'être vraisemblablement disputée avec une autre pensionnaire de 91 ans.

Ce texte est un(e) ...article...

3

LA VIE EN VERT de Jacqueline Dubois

Cette maman de 30 ans vient de passer 3 mois en Mongolie où elle tournait son nouveau film, *Traître ou Ami*.

Depuis quand êtes-vous soucieuse de l'environnement ?

Depuis mon enfance. Mes parents m'ont éduquée à respecter la nature, à ne rien gâcher…

Triez-vous vos déchets ?

Bien sûr. J'ai plusieurs bacs dans la cuisine et dans le jardin. Je suis scandalisée quand je vois des gens qui ne trient pas, qui laissent leurs déchets sur la plage ou qui les jettent dans la nature.

Ce texte est un(e) …… *Interview* ……

4

Franchement, je n'en peux plus. « Faites ceci, faites cela », la patronne n'arrête pas de la journée. Elle m'énerve à la fin ! Encore heureux que toi, tu m'écoutes sans répondre !

Ce texte est un(e) …… *journal* ……

5

POUR GARDER LA FORME, IL FAUT BIEN MANGER ET BOUGER ! COMMENT FAIRE ?

- Ne pas manger trop de sucre ou de produits sucrés

- Pratiquer tous les jours une activité physique : marcher ou faire du vélo plutôt que de prendre la voiture

Ce texte est un(e) … *guide de reccomendation*

6

POURQUOI LE CHANGEMENT ?

- Pour servir notre région et non pas s'en servir.
- Pour se concentrer sur l'emploi et arrêter les gaspillages.
- Pour rassembler, plutôt que diviser.

Votez pour nous !

Ne pas jeter sur la voie publique

Ce texte est un(e) …… *tract* ……

7

Les Français en panne de sommeil

L'enquête que nous avons menée révèle qu'il n'y a rien de tel qu'une bonne nuit de sommeil. Sauf que la moitié des Français se plaignent de mal dormir et qu'environ 4 millions d'adultes souffrent d'insomnie sévère, soit 9 % de la population.

Ce texte est un(e) _article_

8

Objectif

La bibliothèque Centre de Documentation (BCD) a été créée en 1991. Son rôle est de promouvoir l'accès des enfants à la culture et à la documentation par l'intermédiaire de livres et documents écrits, visuels et sonores.

Finances

La bibliothèque récolte de l'argent grâce à des manifestations, aux adhésions des parents et à la subvention communale.

Projets
- L'achat de nouveaux albums.
- Le renouvellement d'une partie du mobilier de la bibliothèque.

Ce texte est un(e) _rapport_

9

Monsieur le directeur, collègues, parents, élèves,

C'est aujourd'hui un très grand plaisir pour moi de vous accueillir dans les locaux de notre école pour l'ouverture de ce forum de discussions et de débats sur les enjeux et les défis à relever pour garantir un enseignement de qualité, adapté au monde du XXIe siècle, pour les générations à venir.

Ce texte est un(e) _lettre officielle_

10

Merci de bien vouloir répondre dans les plus brefs délais.

Veuillez agréer, Monsieur, l'expression de mes sentiments les plus distingués.

Ce texte est un(e) _lettre officielle_

2 Quel registre utiliser ?

Qu'est-ce que le registre ?

La langue que vous utilisez dans votre rédaction doit convenir à la situation de communication. Vous ne vous adressez pas, par exemple, au chef d'un établissement scolaire de la même façon qu'aux membres de votre famille. Vous choisissez le vocabulaire et la syntaxe en fonction de la situation.

Les différentes façons de s'exprimer s'appellent les registres de langue. On distingue trois registres : le registre familier, le registre standard et le registre soutenu.

Quand vous lisez le sujet d'une rédaction, posez-vous les questions suivantes :

- À qui écrivez-vous ? Parlez-vous à un ami, à un inconnu… ?
- Pourquoi vous adressez-vous à cette personne ? Voulez-vous persuader, informer, protester, exprimer vos sentiments… ?

Attention ! Il est quelquefois possible de mélanger ces trois registres de langue pour provoquer une réaction de la part du lecteur.

Lisez le tableau comparatif ci-dessous.

	Registre familier	Registre standard	Registre soutenu
Langue orale ou langue écrite ?	On utilise le registre familier surtout à l'oral.	On utilise le registre standard à l'écrit et à l'oral.	On utilise le registre soutenu surtout à l'écrit.
À qui s'adresse-t-on ?	On l'utilise quand on s'adresse à sa famille, ses copains, ses proches.	On l'utilise quand on s'adresse dans la vie privée, scolaire ou professionnelle, à ses parents, professeurs…	On l'utilise quand on s'adresse à des supérieurs hiérarchiques, à quelqu'un d'important ou à quelqu'un qu'on ne connaît pas.
Dans quelles circonstances ?	Le registre familier convient à la rédaction d'un dialogue, à la rédaction d'un passage de journal intime, d'un blog ou d'un courriel à un ami.	Ce registre convient à toutes les situations.	Ce registre apparaît dans de nombreux textes littéraires. On l'utilise quand on rédige, par exemple, certains rapports, une lettre de candidature…
Dit-on « tu » ou « vous » ?	On tutoie la personne à qui on s'adresse.	On tutoie ou vouvoie la personne à qui on s'adresse.	On vouvoie la personne à qui on s'adresse.

Comment reconnaître un registre de langue ?

	Registre familier	Registre standard	Registre soutenu
Prononciation	Quand on parle, on avale des syllabes. « M'sieur ! »; « J'te parle »…	Prononciation correcte	Prononciation correcte. On articule toutes les syllabes.

Vocabulaire	Mots désignés comme « familiers » dans le dictionnaire Mots inventés Interjections Abréviations Mots empruntés à une autre langue	Vocabulaire simple, usuel	Vocabulaire varié et parfois savant Langage recherché Termes abstraits
Syntaxe	Syntaxe parfois incorrecte Verbes sans sujet Négations incomplètes Pronoms « on » et « nous » et leurs adjectifs possessifs employés indifféremment Phrases interrogatives incorrectes Phrases incomplètes Ponctuation parfois incorrecte	Syntaxe claire Phrases courtes et simples Règles de grammaire correctement utilisées Ponctuation correcte	Syntaxe complexe Phrases longues Règles de grammaire correctement utilisées Figures de style, par exemple comparaisons Emploi du passé simple Emploi de l'imparfait du subjonctif Ponctuation correcte

Entraînez-vous !

1 À quel registre de langue appartiennent les mots suivants ? Copiez chaque mot dans la bonne colonne.

Registres	Familier	Standard	Soutenu
Exemple : une automobile, une bagnole, une voiture	une bagnole	une voiture	une automobile
A la crainte, la trouille, la peur			
B un logement, une demeure, une piaule			
C consommer, bouffer, manger			
D des bobards, des fabulations, des mensonges			

2 À quel registre de langue appartiennent les phrases suivantes ? Cochez la bonne réponse.

		Familier	Standard	Soutenu
A	Pourriez-vous m'expliquer la signification de cette phrase ?			
B	Ça veut dire quoi cette phrase ?			
C	Que veut dire cette phrase ?			
D	Je pige pas.			
E	Quelle est la signification de cette phrase ?			
F	Tu peux me donner une cigarette ?			
G	T'as des clopes ?			
H	C'est quoi que tu viens de dire ?			
I	Que viens-tu de dire ?			
J	On a perdu nos affaires. On ne sait pas trop où.			

3 Lisez les sujets de rédaction ci-dessous et décidez quel registre est le plus adapté à la situation de communication. Écrivez vos réponses dans la grille.

		Quel registre (familier, standard ou soutenu) ?	« Tu » ou « vous » ?
A	Votre ami(e) vient de déménager et n'arrive pas à se faire de nouveaux amis. Vous lui écrivez un courriel dans lequel vous lui donnez des conseils sur comment rencontrer les voisins et se faire des amis.		
B	Un(e) de vos ami(e)s doit présenter un rapport devant l'assemblée des élèves et des professeurs mais il/elle est très timide. Il/elle ne dort plus tellement il/elle est stressé(e) à l'idée de devoir parler en public. Vous lui écrivez une liste de conseils pratiques afin de l'aider à faire face à sa timidité.		
C	« La guerre est toujours injuste. » Discutez.		

2.6 Niveau supérieur section B : un texte argumentatif

Rappel des consignes

Dans cette section de l'épreuve 2, vous allez d'abord lire un texte bref qui porte sur un sujet du tronc commun. Ensuite vous allez rédiger un texte argumentatif de 150 à 250 mots. Dans votre rédaction, vous devez évaluer le point de vue exprimé dans le texte bref et faire part de vos réflexions sur le sujet. Il n'y a ni réponse prédéterminée, ni réponse « correcte » ; il s'agit d'une réponse personnelle.

Dans votre réponse il vous faut :
- montrer que vous avez compris le sujet
- organiser vos idées de manière cohérente
- développer vos idées de manière convaincante
- exprimer votre opinion.

Comment le texte argumentatif est-il évalué ?

Selon le guide de langue B, vous devez :

- utiliser la langue de manière correcte et efficace
- développer une argumentation cohérente et convaincante.

Ces exigences correspondent aux deux critères suivants :

Critère A : langue (10 points)
Critère B : argumentation (10 points)
Total : 20 points

Les bandes de notation et les descripteurs de niveaux

Voici les bandes de notation et les descripteurs de niveaux qui correspondent aux deux critères pour la section B de l'épreuve.

Critère A : langue

- Dans quelle mesure l'élève utilise-t-il la langue avec correction et efficacité ?

Un élève qui ne rédige pas le nombre minimum de mots se verra enlever 1 point à la note obtenue pour ce critère.

Points	Descripteurs de niveaux
0	Le travail n'atteint pas l'un des niveaux décrits ci-dessous.
1–2	**La maîtrise de la langue est limitée et ne permet généralement pas une expression efficace.** Un vocabulaire limité est employé avec de nombreuses erreurs de base. Les structures de phrases simples sont parfois claires.
3–4	**La maîtrise de la langue est généralement satisfaisante malgré de nombreuses impropriétés.** Un vocabulaire assez limité est employé avec de nombreuses erreurs. Les structures de phrases simples sont généralement claires.
5–6	**La maîtrise de la langue permet une expression efficace malgré quelques impropriétés.** Un vocabulaire varié est employé correctement avec quelques erreurs. Les structures de phrases simples sont claires.
7–8	**La maîtrise de la langue permet une expression efficace.** Un vocabulaire étendu est employé correctement avec peu d'erreurs importantes. Quelques structures de phrases complexes sont employées de façon claire et efficace.
9–10	**La maîtrise de la langue permet une expression très efficace.** Un vocabulaire étendu est employé correctement et efficacement avec très peu d'erreurs. Les structures de phrases complexes sont employées de façon claire et efficace.

Critère B : argumentation

- Dans quelle mesure l'élève développe-t-il habilement ses idées ?
- Dans quelle mesure l'argumentation est-elle claire et convaincante ?
- Dans quelle mesure l'élève réagit-il au stimulus ?

Points	Descripteurs de niveaux
0	Le travail n'atteint pas l'un des niveaux décrits ci-dessous.
1–2	**Les idées sont très peu développées et l'argumentation n'est ni claire ni convaincante.** La structure de l'argumentation est vague et confuse. Les idées ne sont pas pertinentes.
3–4	**Les idées sont peu développées et l'argumentation est rarement claire et convaincante.** La structure de l'argumentation est parfois apparente. Les idées sont parfois pertinentes.
5–6	**Les idées sont parfois bien développées et l'argumentation est assez claire et parfois convaincante.** La structure de l'argumentation est évidente. Les idées sont généralement pertinentes.
7–8	**Les idées sont développées de façon satisfaisante et méthodique ; l'argumentation est claire et plutôt convaincante.** La structure de l'argumentation est cohérente et organisée. Les idées sont bien exprimées et pertinentes.
9–10	**Les idées sont développées de façon très satisfaisante et méthodique ; l'argumentation est convaincante.** La structure de l'argumentation est toujours cohérente et organisée. Les idées sont très bien exprimées, pertinentes et intéressantes.

Comment analyser la tâche et exprimer votre opinion?

1 Faites une lecture attentive du texte bref. Soulignez les mots-clés.

2 Posez-vous les questions suivantes et prenez des notes :

- De quel sujet du tronc commun est-il question ?
- Quel aspect de ce sujet est évoqué ?
- Quelles précisions sont données sur le sujet ?
- Quelle est l'idée principale soulevée dans le texte ? Reformulez cette idée sous forme de question. Cette question vous permettra d'exprimer clairement la problématique au tout début de votre texte argumentatif. Dans les paragraphes qui suivront, vous répondrez à cette question en développant vos idées. **Attention !** il y a parfois plusieurs questions que vous pouvez poser à partir du texte proposé. Il y a également plusieurs façons de formuler la question. Rappelez-vous qu'il s'agit d'une réponse personnelle et que plusieurs approches à la question sont donc possibles.
- Que pensez-vous de ce sujet ? Êtes-vous d'accord avec le(s) point(s) de vue exprimé(s) dans le texte ? Pourquoi ? Pourquoi pas ? Pour faire valoir votre point de vue, donnez des précisions tirées de vos connaissances générales ou de vos connaissances de la culture cible. Référez-vous aux expressions des pages 130–31 – elles vont vous aider à exprimer votre opinion.

Exemple

Lisez le texte suivant.

> Quand la planète est secouée par des changements brutaux et bizarres du climat (tsunamis, tremblements de terre, inondations), on se dit : « Ça arrive aux autres, pas à nous ! L'Asie est loin ! L'Amérique est loin ! » Mais à aucun moment l'homme ne se pose la question : mais qu'avons-nous fait pour que la Terre soit devenue si inhospitalière ? Quelle est notre part de responsabilité ?
>
> Tahar ben Jelloun: 'Peurs', *Le Monde*, 7.7.2010

Lisez maintenant l'analyse de ce texte.

Le sujet	Questions mondiales
L'aspect du sujet	Problème écologique : impact de l'homme sur la nature
Quelles précisions sont données sur le sujet ?	Les catastrophes naturelles (tsunamis, tremblements de terre, inondations) sont de plus en plus menaçantes.
Quelle est la question qui se pose ?/Quelles sont les questions qui se posent ?	<ul><li>Pourquoi les gens ne comprennent-ils pas le danger du changement climatique ?</li><li>Pourquoi les gens ne se remettent-ils pas en cause ?</li></ul>
Opinion personnelle	<ul><li>Les gens n'ignorent pas les dangers ; ils ne savent pas quoi faire. C'est aux politiciens de prendre des mesures.</li><li>Le climat est cyclique : ces catastrophes n'ont rien d'exceptionnel.</li><li>Certaines catastrophes naturelles (tsunamis, tremblements de terre) n'ont rien à voir avec les changements climatiques et ne sont donc pas la responsabilité de l'homme.</li></ul>
Exemples, statistiques, comparaisons pour justifier votre opinion	<ul><li>En France, une vingtaine de personnes sont mortes l'année dernière suite à des inondations et des glissements de terrain.</li><li>Un habitant sur 30 utilise les transports publics plutôt que la voiture pour se rendre au travail.</li><li>Un tiers des citoyens recycle les déchets ménagers.</li></ul>

Entraînez-vous !

Lisez les textes suivants et analysez-les de la même façon.

Texte 1

> L'hiver n'en finit pas. L'Europe grelotte, l'Amérique du Nord essuie des tempêtes de neige en rafales. En France, pour la deuxième année consécutive, les températures sont inférieures aux normes saisonnières. Depuis 1987, jamais un mois de janvier n'avait été aussi froid. Et si, à l'inverse de la catastrophe annoncée, le climat se refroidissait ?
>
> J C Jailette

Le sujet	
L'aspect du sujet	
Quelles précisions sont données sur le sujet ?	
Quelle est la question qui se pose ?/Quelles sont les questions qui se posent ?	
Opinion personnelle	
Exemples, statistiques, comparaisons pour justifier votre opinion	

Texte 2

Aujourd'hui, soixante six pourcent d'une classe d'âge obtiennent le baccalauréat français. Pourtant, plus de cent mille jeunes quittent chaque année le système éducatif sans diplôme. L'école ne doit-elle pas former tous les jeunes afin qu'ils puissent s'insérer dans la vie active ?

Luc Chatel

Le sujet	
L'aspect du sujet	
Quelles précisions sont données sur le sujet ?	
Quelle est la question qui se pose ?/Quelles sont les questions qui se posent ?	
Opinion personnelle	
Exemples, statistiques, comparaisons pour justifier votre opinion	

Texte 3

Selon Amnesty International des forums de discussion sont surveillés. Des blogs sont supprimés. Des sites Internet sont bloqués. Des personnes sont emprisonnées uniquement parce qu'elles ont mis en ligne et partagé des informations. Internet représente un nouveau territoire à défendre dans le combat pour le respect des droits humains.

Le sujet	
L'aspect du sujet	
Quelles précisions sont données sur le sujet ?	
Quelle est la question qui se pose ?/Quelles sont les questions qui se posent ?	
Opinion personnelle	
Exemples, statistiques, comparaisons pour justifier votre opinion	

Comment structurer votre texte ?

Bien que vous ayez le choix du type de texte, il est recommandé de rédiger une dissertation. Celle-ci doit être bien structurée et comporter :

- une introduction
- un développement, c'est-à-dire, des idées ou des arguments clairement développés
- une conclusion.

Suivez la démarche proposée ci-dessous. Celle-ci vous montrera comment organiser vos idées pour présenter une argumentation convaincante. À la fin de cette section (page 133), vous trouverez un exemple de dissertation.

Introduction

Pour rédiger une introduction claire et cohérente, répondez aux questions ci-dessous.

1 Quel est le sujet du texte de départ ?

Dans ce texte, il s'agit de…

La citation porte sur…

Le sujet de cet article est…

2 Quel aspect du sujet est abordé ?

Il s'agit plus particulièrement de…

Le texte se focalise sur…

Le texte se concentre sur…

Le journaliste aborde la question de…

Le journaliste/l'auteur met en lumière les problèmes liés à…

Il/Elle souligne l'importance de…

Selon le journaliste…

Le journaliste affirme que…

Le philosophe soutient que…

L'auteur déclare que…

L'auteur attire notre attention sur…

3 Quelle est la question qui se pose ?

Dans la dernière phrase de l'introduction, vous pouvez :

■ **soit poser une question** qui porte sur le sujet et à laquelle vous allez répondre par la suite

Comment expliquer ce phénomène ?

Comment justifier une telle prise de position ?

Cette situation peut-elle se produire ailleurs ?

Que se passera-t-il à l'avenir ?

Comment se fait-il que…

D'où vient…

Pourquoi…

■ **soit présenter le point de vue** que vous allez développer

À mon avis, rien ne justifie une telle décision.

Tout porte à croire que…

D'après moi, il faut s'inquiéter de la montée de l'extrémisme.

Selon moi, ces chiffres montrent bien que le système d'éducation actuel comporte de graves lacunes.

Il ne fait aucun doute que le cyberpiratage est très répandu de nos jours.

Pour moi, cela représente un défi de taille pour l'humanité.

Comme l'auteur, je suis persuadé(e) qu'il faut agir immédiatement.

Il faut reconnaître que le développement de grands parcs éoliens n'est pas toujours bien accueilli par les populations locales.

Contrairement à l'auteur, je ne suis pas en faveur des transports publics gratuits.

Je ne partage pas cette analyse de la situation.

Personnellement, je crois que l'auteur exagère le problème de la violence à la télévision.

Je ne suis pas du tout de cet avis.

J'estime que ce point de vue est alarmiste.

Développement

Les réponses aux questions ci-dessous vont vous permettre de développer vos idées de manière cohérente.

1 Quels sont les arguments ou les exemples proposés dans le texte de départ ? Donnez quelques détails *tirés du texte*.

D'après le journaliste…

Il est probable que…

Il importe de…

Il se peut que…

L'auteur se sert de l'exemple de…

Les chiffres prouvent que…

Selon ce texte/selon cette citation…

2 **Êtes-vous d'accord ou pas d'accord avec l'opinion exprimée dans le texte de départ ?**

À mon avis/d'après moi/selon moi...

Il me semble que...

Je m'oppose à ce que...

Je soutiens que...

Pour ma part...

En ce qui me concerne...

Je crois que/je pense que...

Il est certain que/il est incontestable que/il est important de...

Il vaut mieux/il faut/il est indispensable de...

3 **Que savez-vous de ce sujet ? Quelles en sont les causes et les conséquences ? Démontrez vos connaissances. Étayez vos opinions grâce à des exemples tirés de vos connaissances générales ainsi que de vos connaissances de cet aspect du tronc commun.**

À titre d'exemple...

En se basant sur...

Par exemple...

Quant à...

Si on se fie à...

Ajoutez plus d'un exemple :

Par ailleurs...

Également...

Aussi...

De plus...

4 **Connaissez-vous une situation semblable dans un autre pays ? Relevez les différences et les ressemblances. Développez au moins deux points de comparaison.**

D'un côté... de l'autre...

Quand on compare x et y, force est de constater que...

Il faut distinguer x de y

Il y a des points communs et des différences...

Lorsque l'on compare x et y...

Vous présentez les *ressemblances*	Vous présentez les *différences*
Aussi + adjectif + que	Moins/plus que
Autant que	Davantage
Comme	À l'inverse
De même que	À l'opposé
En comparaison	Au contraire
Ressembler/être semblable à/être pareil à/être identique à	Au lieu de
De la même manière	En revanche
Également	Par contre
Il en va de même	Plutôt que
	Se distinguer de/se différencier de/être différent de
	Tandis que
	Toutefois/pourtant/cependant
	À l'encontre de ce qui vient d'être dit...

Conclusion

Indiquez clairement ce que vous avez démontré et proposez éventuellement une autre solution à la situation décrite dans le texte. Voici quelques expressions dont vous pourriez vous servir pour présenter votre conclusion :

Ainsi

Au fond

Dans l'ensemble

En résumé

En somme

Pour conclure

Somme toute

Tout compte fait

Rappel

Pour rendre votre texte **plus cohérent** :

- Rédigez votre texte en paragraphes.
- Utilisez des connecteurs logiques.

Pour rendre votre texte **plus convaincant** :

- Faites référence à des éléments du texte. Il est important de montrer que vous l'avez bien compris.
- Étayez votre argumentation avec des exemples précis basés sur vos connaissances du sujet du tronc commun.
- Utilisez des phrases exclamatives, interrogatives et impératives.

Vérifiez que le **registre** est standard ou soutenu et utilisez le vouvoiement si vous vous adressez directement au lecteur.

Dissertation modèle

Relisez le texte et étudiez la dissertation modèle ci-dessous.

> Quand la planète est secouée par des changements brutaux et bizarres du climat (tsunamis, tremblements de terre, inondations), on se dit : « Ça arrive aux autres, pas à nous ! L'Asie est loin ! L'Amérique est loin ! » Mais à aucun moment l'homme ne se pose la question : mais qu'avons-nous fait pour que la Terre soit devenue si inhospitalière ? Quelle est notre part de responsabilité ?

L'auteur aborde la question du changement climatique **(2)** et de ses conséquences néfastes pour l'homme. **(3)** Selon lui **(4)**, le bien-être des hommes sur cette planète serait de plus en plus menacé. Pourtant l'homme refuse de regarder cette vérité en face et surtout il ne se croit pas responsable de cet état de choses. Quelle est donc la part de responsabilité de l'homme dans le changement climatique ? **(5)**

Certes **(7)**, le rapport qu'entretient l'homme avec l'environnement (déboisement sauvage, urbanisation,…) menace l'écosystème et est incompatible avec un développement durable. Nos émissions de gaz carbonique continuent à augmenter, tout comme nos besoins en énergie. Les trous dans la couche d'ozone et l'effet de serre font fondre les glaciers, mettant ainsi en péril la survie de certains pays.

Pourtant **(9)**, l'opinion de l'auteur n'est pas tout à fait bien fondée. N'oublions pas **(10)** que le climat est cyclique. Les changements climatiques ne font-ils pas partie d'un cycle naturel qui a vu, par exemple, la Terre se recouvrir d'une couche de glace il y a des milliers d'années ? **(11)** Les tsunamis et les tremblements de terre menacent l'homme depuis toujours. Par ailleurs, **(12)** les inondations et les mini-cyclones qui ont dévasté des régions de la France **(13)** cette année ne sont pas des événements exceptionnels.

Ainsi, d'un côté, certaines catastrophes naturelles n'ont rien à voir avec les changements climatiques. De l'autre **(15)**, selon des études scientifiques très sérieuses, le climat se réchauffe. Même si on ne peut pas conclure avec certitude que « les changements brutaux et bizarres du climat » **(16)** sont le résultat de l'action et du comportement des êtres humains, nous devons agir pour sauvegarder notre planète. **(17)**

[256 mots]

(1) Introduction

(2) Le sujet du texte de départ

(3) L'aspect du sujet abordé

(4) L'opinion de l'auteur

(5) Cette question pose le sujet

(6) Développement 1 : arguments qui soutiennent l'opinion exprimée dans l'énoncé

(7) Ce connecteur logique introduit des arguments « pour »

(8) Développement 2 : arguments qui s'opposent à l'opinion exprimée dans l'énoncé

(9) Ce connecteur logique introduit des arguments « contre »

(10) Le lecteur est invité à partager l'avis de l'auteur

(11) Cette question rhétorique renforce l'argumentation

(12) Ce connecteur logique introduit d'autres exemples

(13) Référence à la culture cible ; exemple pertinent

(14) Conclusion

(15) « D'un côté… de l'autre » : les arguments contre et les arguments pour l'opinion de l'auteur sont présentés

(16) Citation tirée du texte de départ

(17) L'opinion défendue/la réponse à la question posée dans l'introduction est clairement exprimée.

2.7 Conseils pour le jour J

Comment gérer votre temps ?

Au niveau moyen
- ✔ L'épreuve 2 dure 1 heure 30.
- ✔ Il n'y a qu'une section.
- ✔ Il faut rédiger au moins 250 mots.

Vous vous êtes entraîné(e) à faire cette épreuve en une heure et demie. Vous savez donc approximativement combien de temps il vous faut pour la réaliser.

En une heure et demie, il vous faut :

- ✔ après une lecture attentive, choisir le sujet qui vous convient
- ✔ noter les éléments les plus importants (mots-clés, connecteurs logiques, idées)
- ✔ faire un plan
- ✔ rédiger votre texte (au moins 250 mots)
- ✔ relire le texte pour vérifier certains points grammaticaux et vous assurer d'avoir répondu à toutes les parties de la question.

Au niveau supérieur
- ✔ Il y a deux sections, A et B.
- ✔ Il faut rédiger au moins 250 mots pour la rédaction de la section A.
- ✔ Il faut rédiger au moins 150 mots pour le texte argumentatif de la section B.

Vous vous êtes entraîné(e) à faire cette épreuve en une heure et demie. Vous savez donc approximativement combien de temps il vous faut pour la réaliser. Pensez à garder au moins une demi-heure pour la section B.

Dans la section A il vous faut :

- ✔ choisir la tâche après l'avoir analysée
- ✔ faire un plan
- ✔ rédiger votre texte
- ✔ relire votre texte pour vérifier certains points grammaticaux et pour vous assurer d'avoir répondu à toutes les parties de la question

Dans la section B il vous faut :

- ✔ lire le passage
- ✔ noter le sujet et les exemples fournis
- ✔ formuler une question sur le sujet du passage
- ✔ faire un plan
- ✔ rédiger votre texte
- ✔ relire votre texte pour vérifier certains points grammaticaux

10 conseils pour réussir l'épreuve 2 (NM ; NS section A)

Étape 1

1   Comment choisir le sujet ?

✔ Le jour de l'examen, il ne faut pas forcément choisir le sujet qui vous intéresse le plus. Il s'agit plutôt d'un choix stratégique. Quelles options avez-vous étudiées en classe ? Commencez par lire les tâches qui correspondent à votre programme d'études.

Conseil : Puisque vous avez déjà étudié ces options, vous disposez d'un vocabulaire solide pour en parler. De plus, vous avez déjà réfléchi à ces sujets et vos opinions sont mieux informées. Préférez donc un sujet lié à une des options étudiées en classe.

✔ Vous ne comprenez pas bien les tâches qui correspondent aux options que vous avez étudiées ? Vous n'avez pas étudié les aspects de l'option proposés ? Ne vous inquiétez pas. Vous allez pouvoir choisir un autre sujet.

✔ Lisez les autres tâches attentivement. Avant d'en choisir une, demandez-vous si vous comprenez parfaitement le sujet proposé. Il faut éviter tout contresens ou hors sujet. Si vous ne comprenez pas tout à fait la question, choisissez une autre tâche.

2   Quel est le type de texte requis ?

Notez les conventions relatives au type de texte requis. Si vous ne les connaissez pas bien, il vaut mieux choisir une autre tâche.

Étape 2

Vous avez choisi la tâche ; posez-vous les questions suivantes.

3   Qui écrit ? À qui ? Quel est le registre approprié ?

Notez vos réponses.

4   Quel est le sujet et quel est l'aspect du sujet ?

Quels sont les renseignements que vous devez fournir ? Il ne faut négliger aucun aspect de la question. Surlignez ou numérotez chaque élément qui doit faire partie de la réponse.

5   Votre message doit-il informer, persuader, protester… ?

Faites une liste des procédés rhétoriques qui vont vous permettre de rédiger un message convaincant.

6   Faites un plan détaillé.

Pour que votre argumentation soit cohérente et facile à suivre, faites un plan. Il va vous aider à structurer votre texte et à ne pas oublier un élément du sujet.

Attention ! Vous n'avez pas assez de temps pour faire un brouillon.

7   Développez vos idées.

Faites une liste des expressions et des connecteurs logiques qui vont vous permettre de bien développer vos idées.

Étape 3

8   Rédigez votre texte.

Référez-vous à votre plan et prenez soin d'écrire lisiblement.

Étape 4

Dix à 15 minutes avant la fin de l'épreuve…

9   Relisez votre texte.

Vérifiez que la plupart des conventions relatives au type de texte requis sont présentes et vérifiez les points grammaticaux qui vous posent problème.

Conseil : Vérifiez un seul point grammatical à la fois. N'essayez pas de tout faire dans une seule lecture globale. Par exemple, vérifiez les accords des adjectifs, ensuite la forme des verbes, etc.

10 Comptez le nombre de mots.

Avez-vous rédigé entre 250 et 400 mots ?

Étape 4

Dix à 15 minutes avant la fin de l'épreuve…

2.8 Entraînez-vous !

Maintenant que vous avez appris à analyser et à répondre à chaque partie de la question, mettez-vous au travail ! Voici des épreuves qui vous permettront de confirmer que vous avez bien étudié. Il y a une épreuve pour chaque niveau, moyen et supérieur.

Épreuve 2 niveau moyen

Réalisez une des tâches suivantes. Écrivez entre 250 et 400 mots.

1   Diversité culturelle

Devenu(e) célèbre, vous réfléchissez à comment vos origines étrangères ont enrichi votre vie et ont contribué à votre réussite. Rédigez cette page de votre blog.

2   Coutumes et traditions

Un groupe de jeunes étrangers se rend dans votre école à l'occasion d'une fête traditionnelle. On vous a demandé d'écrire une brochure à leur intention dans laquelle vous présenterez la fête afin qu'ils puissent mieux l'apprécier. Rédigez cette brochure.

3   Santé

Un(e) de vos ami(e) est très préoccupé(e) par son apparence physique. Il/elle est obsédé(e) par son poids et suit des régimes amaigrissants depuis longtemps. Ces régimes incessants et la perte de poids qui les accompagnent vous inquiètent beaucoup. Écrivez-lui un courriel pour exprimer votre inquiétude et lui donner des conseils.

4   Loisirs

Les Jeux Olympiques se tiendront dans votre ville l'année prochaine. Vous avez lu avec intérêt l'annonce suivante :

> ### Participez aux Jeux Olympiques !
> Vous êtes bilingue et dynamique ? Vous connaissez bien la ville ? Vous aimez le sport ? Le comité organisateur recherche des bénévoles pour accompagner les athlètes pendant leur séjour.
>
> Pour plus de renseignements :
>
> **www.comitedesjeux.fr**

Vous décidez d'envoyer une lettre de motivation afin de convaincre le comité de retenir votre candidature. Rédigez votre lettre de candidature.

5   Sciences et technologie

Le directeur de votre lycée vous a chargé(e) de faire le discours d'ouverture de l'année scolaire sur l'importance de l'intégrité à l'école. Il voudrait que vous traitiez en particulier du plagiat de sources Internet et du téléchargement illégal. Rédigez le texte de votre discours.

Épreuve 2 niveau supérieur

Section A
Réalisez une des tâches suivantes. Écrivez entre 250 et 400 mots.

1 Diversité culturelle

Vous avez lu l'annonce suivante :

> L'association *Éducation pour tous* propose son Café *École* en toute sérénité demain jeudi entre 15 heures et 18 heures, au Café des Amis, 4 place de l'Église. Jean Barre, psychologue et conférencier, répondra à vos questions sur l'intégration des minorités à l'école. Entrée libre.

Vous avez assisté à cette conférence et vous avez interviewé le conférencier sur les défis et les avantages que représente la diversité culturelle à l'école. Rédigez le texte de cette interview pour le journal de votre école.

2 Coutumes et traditions

Pour le journal de votre lycée, écrivez la critique d'un film de votre choix qui vous a fait remettre en question vos opinions sur un événement historique dans un pays francophone.

3 Santé

Vous êtes président(e) du club L'avenir et nos enfants qui organise un salon du chocolat les 12, 13 et 14 mars au profit des enfants hospitalisés. Pour informer le public et expliquer comment cet argent sera dépensé, vous rédigez un article pour le journal local.

4 Loisirs

Vous avez lu un article sur les livres numériques qui a comme titre « Le livre imprimé est mort ». Vous envoyez une lettre à la rubrique « Les élèves nous écrivent » du journal de votre école pour exprimer votre opinion.

5 Sciences et technologie

Le Conseil de votre école propose de réduire le budget pour l'équipement informatique. Vous écrivez au directeur pour exprimer votre déception. Vous indiquez les raisons pour lesquelles vous voudriez qu'il revienne sur cette décision. Rédigez votre lettre.

Section B
À partir du passage suivant, exprimez votre opinion personnelle et justifiez-la en choisissant un des types de texte étudiés en classe. Écrivez entre 150 et 250 mots.

> « À ma naissance, la population mondiale comptait un milliard et demi d'habitants. Quand je suis entré dans la vie active, vers 1930, ce nombre atteignait déjà 2 milliards. Il est de 6 milliards aujourd'hui et il atteindra 9 milliards dans quelques décennies. Cette croissance a exercé d'énormes ravages sur le monde. Ce fut la plus grande catastrophe dont j'ai eu la malchance d'être témoin. »
>
> Claude Lévi-Strauss

Bilan (niveau moyen et niveau supérieur)

Posez-vous les questions suivantes pour vérifier que vous vous êtes bien préparé(e) pour réussir l'épreuve 2.

Savez-vous…

	OUI	NON
■ ce qui est testé dans cette épreuve ?	☐	☐
■ quelles sont les modalités (durée…) de cette épreuve ?	☐	☐
■ sur quelle partie du programme porte cette épreuve (tronc commun ou options) ?	☐	☐
■ quelles sont les conventions relatives à chaque type de texte au programme ?	☐	☐
■ quels sont les critères propres à cette épreuve ?	☐	☐
■ quelle est la signification de l'expression « registre de langue » ?	☐	☐
■ comment analyser le sujet de la rédaction ?	☐	☐
■ comment structurer un texte argumentatif ?	☐	☐
■ comment améliorer votre note?	☐	☐

3   L'examen oral

3.1   L'oral individuel : informations essentielles sur cette épreuve

En quoi consiste cette épreuve ?

Pour le niveau moyen comme pour le niveau supérieur :

- L'examen oral individuel a lieu pendant la deuxième année du programme.
- Vous devez décrire et commenter une photographie proposée par votre professeur.
- La photographie a pour sujet une des options que vous avez étudiées en classe.
- Vous avez 15 minutes immédiatement avant l'examen pour vous préparer.
- L'examen lui-même dure entre 8 et 10 minutes, y compris la présentation et la discussion.
- Cette épreuve vaut 20 % de la note finale.

Quelles sont les options ?

- Coutumes et traditions
- Diversité culturelle
- Loisirs
- Santé
- Sciences et technologie

Comment se déroule l'épreuve ?

- La préparation dure 15 minutes.
- La présentation dure de 3 à 4 minutes.
- La discussion dure de 5 à 6 minutes.

3.2   À quoi faut-il s'attendre dans cette épreuve ?

Que se passe-t-il pendant la préparation ?

- Au niveau moyen, votre professeur va vous donner le choix entre deux photographies que vous n'avez jamais vues auparavant.
- Au niveau supérieur, votre professeur va vous présenter une seule photographie que vous n'avez jamais vue auparavant.
- Chaque photographie est liée à la culture francophone et à l'une des options étudiées en classe.
- Chaque photographie est accompagnée d'un titre ou d'une légende.
- Vous devez préparer une présentation au sujet de la photographie en vous basant sur le titre.
- Vous pouvez prendre quelques notes, environ 10 lignes.
- Ces notes ne vous serviront que d'aide-mémoire.

Que se passe-t-il pendant la présentation ?

- Vous devez décrire la photographie que vous avez choisie.
- Vous devez établir des liens avec l'option étudiée en classe.
- Vous devez faire part de vos réflexions au sujet de l'aspect de la culture francophone représenté sur la photographie.

Que se passe-t-il pendant la discussion ?

- Vous devez ensuite avoir une discussion avec votre professeur au sujet de votre présentation.
- Les questions de votre professeur vous permettront d'approfondir vos idées.
- Votre professeur pourra aussi vous poser des questions sur l'autre option étudiée en classe.
- Lors de cette discussion, vous devez montrer que vous êtes capable d'exprimer vos idées de manière fluide et cohérente.
- Vous devez aussi faire des comparaisons avec votre propre culture.

3.3 Les critères d'évaluation

Vue d'ensemble

- ✔ L'évaluation interne représente 30 % de l'évaluation totale.
- ✔ La structure de l'examen oral est la même pour les élèves du niveau moyen et pour les élèves du niveau supérieur.
- ✔ Cependant, les critères d'évaluation varient entre le niveau moyen et le niveau supérieur.

Comment l'examen oral individuel est-il évalué ?

L'examen oral individuel est évalué à l'aide de critères d'évaluation et est noté sur 20 points. Il y a deux critères d'évaluation pour l'examen oral individuel :

Critère A : Compétences productives (10 points)
Critère B : Compétences interactives et réceptives (10 points)
Total : 20 points

Comment l'activité orale interactive est-elle évaluée ?

L'activité orale interactive est évaluée à l'aide de critères d'évaluation et est notée sur 10 points. Il y a deux critères d'évaluation pour l'activité orale interactive :

Critère A : Compétences productives (5 points)
Critère B : Compétences interactives et réceptives (5 points)
Total : 10 points

Les bandes de notation et les descripteurs de niveaux

Voici les bandes de notation et les descripteurs de niveaux qui correspondent aux deux critères. Ils indiquent ce que vous devez faire pour atteindre les meilleures notes.

Critère A : compétences productives

Dans quelle mesure l'élève réussit-il à utiliser la langue à l'oral ?

- Dans quelle mesure l'élève s'exprime-t-il avec aisance et clarté ?
- Dans quelle mesure la langue est-elle variée et correcte ?
- À quel point l'intonation de l'élève facilite-t-elle la communication ?

Points	Descripteurs de niveaux	
	Niveau moyen	Niveau supérieur
0	Le travail n'atteint pas l'un des niveaux décrits ci-dessous.	Le travail n'atteint pas l'un des niveaux décrits ci-dessous.
1–2	**La maîtrise de la langue orale est très limitée.** L'expression est très hésitante et elle est à peine compréhensible. La langue est souvent incorrecte et/ou très limitée. L'intonation gêne sérieusement la communication.	**La maîtrise de la langue orale est limitée.** L'expression est hésitante et elle n'est pas toujours compréhensible. La langue est souvent incorrecte et/ou limitée. L'intonation gêne la communication.
3–4	**La maîtrise de la langue orale est limitée.** L'expression est hésitante et elle n'est pas toujours compréhensible. La langue est souvent incorrecte et/ou limitée. L'intonation gêne parfois la communication.	**La maîtrise de la langue orale est assez bonne.** L'expression est compréhensible et parfois aisée. La langue est parfois correcte et quelques expressions idiomatiques sont utilisées. L'intonation ne gêne pas trop la communication.
5–6	**La maîtrise de la langue orale est assez bonne.** L'expression est compréhensible et parfois aisée. La langue est parfois correcte et quelques expressions idiomatiques sont utilisées. L'intonation ne gêne pas la communication.	**La maîtrise de la langue orale est bonne.** L'expression est généralement aisée. La langue est généralement correcte, variée et idiomatique. L'intonation facilite la communication.
7–8	**La maîtrise de la langue orale est bonne.** L'expression est généralement aisée. La langue est généralement correcte, variée et claire. L'intonation facilite la communication.	**La maîtrise de la langue orale est très bonne.** L'expression est aisée et semble parfois authentique. La langue est correcte. L'intonation améliore la communication.
9–10	**La maîtrise de la langue orale est très bonne.** L'expression est aisée. La langue est correcte, variée et claire ; les erreurs ne gênent pas la compréhension du message. L'intonation améliore la communication.	**La maîtrise de la langue orale est excellente.** L'expression est aisée et semble généralement authentique. La langue est variée et idiomatique. L'intonation améliore la communication.

Critère B : compétences interactives et réceptives

Dans quelle mesure l'élève comprend-il la conversation et se montre-t-il capable d'interagir ?

- Dans quelle mesure l'élève peut-il exprimer des idées simples et complexes ?
- Dans quelle mesure l'élève peut-il soutenir une conversation ?

Points	Descripteurs de niveaux	
	Niveau moyen	**Niveau supérieur**
0	Le travail n'atteint pas l'un des niveaux décrits ci-dessous.	Le travail n'atteint pas l'un des niveaux décrits ci-dessous.
1–2	**Les idées simples sont comprises avec beaucoup de difficulté et l'interaction est très limitée.** Les idées et opinions simples sont présentées de façon incohérente. La conversation est décousue.	**Les idées simples sont comprises avec difficulté et l'interaction est limitée.** Les idées et opinions simples sont présentées avec difficulté, parfois de façon incohérente. Le déroulement de la conversation n'est pas cohérent.
3–4	**Les idées simples sont comprises avec difficulté et l'interaction est limitée.** Les idées et opinions simples sont présentées avec difficulté, parfois de façon incohérente. Le déroulement de la conversation n'est pas cohérent.	**Les idées simples sont assez bien comprises et l'interaction est satisfaisante.** Les idées et opinions simples sont généralement présentées de façon claire. Le déroulement de la conversation est parfois cohérent, malgré quelques pauses.
5–6	**Les idées simples sont assez bien comprises et l'interaction est satisfaisante.** Les idées et opinions simples sont généralement présentées de façon claire. Le déroulement de la conversation est parfois cohérent, malgré quelques pauses.	**Les idées simples sont bien comprises et l'interaction est bonne.** Les idées et opinions simples sont présentées de façon claire et cohérente, mais des difficultés surviennent avec les idées plus complexes. Le déroulement de la conversation est généralement cohérent.
7–8	**Les idées simples sont bien comprises et l'interaction est bonne.** Les idées et opinions simples sont présentées de façon claire et cohérente, mais des difficultés surviennent avec les idées plus complexes. Le déroulement de la conversation est généralement cohérent.	**Les idées complexes sont bien comprises et l'interaction est très bonne.** Les idées et les opinions, tant simples que complexes, sont généralement présentées de façon claire, cohérente et efficace. Le déroulement de la conversation est cohérent.
9–10	**Les idées complexes sont bien comprises et l'interaction est très bonne.** Les idées et les opinions, tant simples que complexes, sont généralement présentées de façon claire, cohérente et efficace. Le déroulement de la conversation est cohérent.	**Les idées complexes sont très bien comprises et l'interaction est excellente.** Les idées et opinions complexes sont présentées de façon claire, cohérente et efficace. Le déroulement de la conversation est cohérent et naturel.

Critère A : compétences productives

Dans quelle mesure l'élève réussit-il à utiliser la langue à l'oral ?

- Dans quelle mesure l'élève s'exprime-t-il avec aisance et clarté ?
- Dans quelle mesure la langue est-elle variée et correcte ?
- À quel point l'intonation de l'élève facilite-t-elle la communication ?

Points	Descripteurs de niveaux	
	Niveau moyen	**Niveau supérieur**
0	Le travail n'atteint pas l'un des niveaux décrits ci-dessous.	Le travail n'atteint pas l'un des niveaux décrits ci-dessous.
1	**La maîtrise de la langue orale est très limitée.** L'expression est très hésitante et elle est à peine compréhensible. La langue est souvent incorrecte et/ou très limitée. L'intonation gêne sérieusement la communication.	**La maîtrise de la langue orale est limitée.** L'expression est hésitante et elle n'est pas toujours compréhensible. La langue est souvent incorrecte et/ou limitée. L'intonation gêne la communication.
2	**La maîtrise de la langue orale est limitée.** L'expression est hésitante et elle n'est pas toujours compréhensible. La langue est souvent incorrecte et/ou limitée. L'intonation gêne parfois la communication.	**La maîtrise de la langue orale est assez bonne.** L'expression est compréhensible et parfois aisée. La langue est parfois correcte et quelques expressions idiomatiques sont utilisées. L'intonation ne gêne pas trop la communication.
3	**La maîtrise de la langue orale est assez bonne.** L'expression est compréhensible et parfois aisée. La langue est parfois correcte et quelques expressions idiomatiques sont utilisées. L'intonation ne gêne pas la communication.	**La maîtrise de la langue orale est bonne.** L'expression est généralement aisée. La langue est généralement correcte, variée et idiomatique. L'intonation facilite la communication.
4	**La maîtrise de la langue orale est bonne.** L'expression est généralement aisée. La langue est généralement correcte, variée et claire. L'intonation facilite la communication.	**La maîtrise de la langue orale est très bonne.** L'expression est aisée et semble parfois authentique. La langue est correcte. L'intonation améliore la communication.
5	**La maîtrise de la langue orale est très bonne.** L'expression est aisée. La langue est correcte, variée et claire ; les erreurs ne gênent pas la compréhension du message. L'intonation améliore la communication.	**La maîtrise de la langue orale est excellente.** L'expression est aisée et semble généralement authentique. La langue est variée et idiomatique. L'intonation améliore la communication.

Critère B : compétences interactives et réceptives

Dans quelle mesure l'élève comprend-il la conversation et se montre-t-il capable d'interagir ?

■ Dans quelle mesure l'élève est-il capable d'exprimer des idées et des opinions ?

■ Dans quelle mesure l'élève peut-il soutenir une conversation ?

Points	Descripteurs de niveaux	
	Niveau moyen	**Niveau supérieur**
0	Le travail n'atteint pas l'un des niveaux décrits ci-dessous.	Le travail n'atteint pas l'un des niveaux décrits ci-dessous.
1	**Les idées simples sont comprises avec beaucoup de difficulté et l'interaction est très limitée.** Les idées et opinions simples sont présentées de façon incohérente. La conversation est décousue.	**Les idées simples sont comprises avec difficulté et l'interaction est limitée.** Les idées et opinions simples sont présentées avec difficulté, parfois de façon incohérente. Le déroulement de la conversation n'est pas cohérent.
2	**Les idées simples sont comprises avec difficulté et l'interaction est limitée.** Les idées et opinions simples sont présentées avec difficulté, parfois de façon incohérente. Le déroulement de la conversation n'est pas cohérent.	**Les idées simples sont assez bien comprises et l'interaction est satisfaisante.** Les idées et opinions simples sont généralement présentées de façon claire. Le déroulement de la conversation est parfois cohérent, malgré quelques pauses.
3	**Les idées simples sont assez bien comprises et l'interaction est satisfaisante.** Les idées et opinions simples sont généralement présentées de façon claire. Le déroulement de la conversation est parfois cohérent, malgré quelques pauses.	**Les idées simples sont bien comprises et l'interaction est bonne.** Les idées et opinions simples sont présentées de façon claire et cohérente, mais des difficultés surviennent avec les idées plus complexes. Le déroulement de la conversation est généralement cohérent.
4	**Les idées simples sont bien comprises et l'interaction est bonne.** Les idées et opinions simples sont présentées de façon claire et cohérente, mais des difficultés surviennent avec les idées plus complexes. Le déroulement de la conversation est généralement cohérent.	**Les idées complexes sont bien comprises et l'interaction est très bonne.** Les idées et les opinions, tant simples que complexes, sont généralement présentées de façon claire, cohérente et efficace. Le déroulement de la conversation est cohérent.
5	**Les idées complexes sont bien comprises et l'interaction est très bonne.** Les idées et les opinions, tant simples que complexes, sont généralement présentées de façon claire, cohérente et efficace. Le déroulement de la conversation est cohérent.	**Les idées complexes sont très bien comprises et l'interaction est excellente.** Les idées et opinions complexes sont présentées de façon claire, cohérente et efficace. Le déroulement de la conversation est cohérent et naturel.

3.4 Comment améliorer votre note ?

Que faut-il réviser avant l'épreuve ?

- Relisez vos notes aux sujets des options que vous avez étudiées en classe.
- Révisez le vocabulaire appris en classe et lié à ces deux options.
- Révisez le vocabulaire spécifique à la description d'une photographie.
- Révisez la grammaire et les connecteurs logiques étudiés en classe.
- Faites des recherches supplémentaires au sujet de ces deux options étudiées en classe.
- Anticipez certaines questions que votre professeur pourrait vous poser au sujet des options étudiées en classe.

Comment choisir une photographie ?

Pour les élèves du niveau moyen, juste avant votre temps de préparation, votre professeur vous donnera le choix entre deux photographies. Avant de choisir une photographie, réfléchissez aux les questions suivantes :

- Quel est le thème principal de la photographie ?
- Avez-vous suffisamment à dire à ce sujet ?
- Avez-vous suffisamment d'exemples concrets ?
- Comprenez-vous le titre de la photographie ?

Comment étudier une photographie ?

Voici une série de questions qui pourront vous aider au moment d'étudier une photographie. Vous ne pourrez pas toujours répondre à toutes les questions ; tout dépend bien évidemment de la photographie qui vous sera proposée par votre professeur.

La situation

1 Que voyez-vous ?

2 Où la photographie a-t-elle été prise ? À l'intérieur ou à l'extérieur ? Dans un lieu public (un musée, une entreprise, un supermarché, une école…) ou dans un lieu privé (dans une maison, un salon, une chambre, chez des personnes âgées…) ?

3 Que pensez-vous du titre de la photographie ? Ce titre vous aide-t-il à mieux comprendre la signification de la photographie ?

4 Que voyez-vous au premier plan ? Que voyez-vous à l'arrière-plan ? Y a-t-il un lien entre le premier plan et l'arrière-plan ? Est-ce important pour comprendre la photographie ?

5 Y a-t-il des personnages sur la photographie ?

Les personnages

1 Combien y a-t-il de personnages sur la photographie ?

2 Que font-ils ? Les personnages sont-ils en mouvement ou immobiles ?

3 D'après vous, existe-t-il des liens entre les différents personnages ? Sont-ils de la même famille, des amis, des collègues de travail, des voisins ? Partagent-ils les mêmes idées ?

4 Pouvez-vous décrire l'expression de leur visage ? Quel(s) sentiment(s) montrent-ils ? Par exemple, la peur, la colère, le doute, l'impatience, la douleur, la joie, la surprise, la sympathie, la fascination, la séduction… ?

5 Quelle est la cause de ces sentiments ?

Le message du photographe

1   Quel message le photographe cherche-t-il à faire passer ?

2   S'agit-il d'un message politique, religieux, social, moral… ?

3   Quel regard le photographe a-t-il sur son sujet ? Est-il sérieux, alarmiste, humoristique, cynique ?

4   D'après vous, où la photographie a-t-elle été publiée ? À quel public s'adresse-t-elle ?

5   La photographie est-elle révélatrice de la situation ? Le photographe a-t-il omis des éléments ? Peut-on se fier à sa vision du sujet ?

6   Le photographe fait-il référence ici à un problème caractéristique de notre société actuelle ? Pourquoi ? Pourquoi pas ?

7   Votre culture et votre pays sont-ils concernés par ce problème ?

Vos réactions

1   Quel(s) effet(s) la photographie a-t-elle eu(s) sur vous ? Vous a-t-elle choqué(e), ému(e), surpris(e) ? Vous a-t-elle fait réfléchir, vous a-t-elle fait rire ou vous a-t-elle laissé(e) indifférent(e) ? Pourquoi ?

2   Vous sentez-vous concerné(e) par le(s) problème(s) évoqué(s) ? Pourquoi ? Pourquoi pas ?

3   Quelles solutions pourriez-vous apporter à ce(s) problème(s) ?

Comment présenter une photographie ?

Il faut d'abord parler des faits concrets. Commencez par décrire l'image et terminez en exprimant votre opinion sur l'aspect culturel démontré.

Nous vous suggérons le plan suivant pour organiser vos idées lors de la présentation :

1   Que représente la photographie ?

2   Que signifie le titre de la photographie ?

3   Quelle est votre analyse de la photographie ?

4   Quelles sont les causes, conséquences ou solutions possibles à ce qui est représenté sur la photographie ?

5   Qu'en pensez-vous ?

Expressions utiles pour présenter une photographie

La description physique de la photographie

- Au-dessus (de)
- Au-dessous (de)
- À côté (de)
- Près de
- En face (de)
- Au fond (de)
- Autour (de)
- À l'écart (de)
- Sur le devant
- Au premier plan, on voit…
- Derrière, il y a…
- À l'arrière(-plan), il y a…
- Sur la gauche, on aperçoit aussi…

La situation et les personnages
- Cette photographie a (probablement) été prise pendant…

- On dirait que…
- C'est peut-être…
- Il semblerait que…

Le message du photographe

- Il s'agit d'une photographie d'actualité/humoristique/publicitaire.
- Elle s'adresse à…
- La photographie représente/illustre/évoque/fait référence à/critique/dénonce/interpelle/attire l'attention sur/nous fait réfléchir à…

Vos réactions

- Je trouve cette photographie choquante/amusante/bizarre/difficile à interpréter/caricaturale/touchante/ratée/réussie…
- À mon avis…
- Selon moi…
- Il me semble que…
- Je crois que…
- J'ai l'impression que…

Connecteurs logiques

Comment présenter des faits dans un ordre chronologique ?

- D'abord
- En premier lieu
- Premièrement

Comment ajouter des faits ?

- Ensuite
- Puis
- De plus
- Après

Comment conclure ?

- Enfin
- Finalement
- En fin de compte
- En conclusion
- En somme

Expressions utiles pour discuter

Comment exprimer son accord ?

- Je suis d'accord (avec vous).
- Je suis du même avis que vous.
- Je partage votre avis.
- Ce que vous venez de dire est tout à fait vrai.
- C'est exactement ce que je pense !

Comment exprimer son désaccord ?

- Je ne suis pas d'accord (avec vous).
- Permettez-moi de vous contredire.
- Je ne partage pas votre avis.
- Je ne vois pas du tout les choses comme vous.
- Nous ne sommes pas (du tout) du même avis.

Comment exprimer la certitude ?

- Je crois fermement que…
- J'ai la certitude que…
- Je suis certain(e) que…
- Je suis sûr(e) que…
- Il n'y a aucun doute que…

Comment exprimer le doute ?
- Je me demande si…
- Je doute que…
- Je ne suis pas sûr(e) que…
- Je ne suis pas convaincu(e) par ce que vous venez de dire.
- Ce que vous venez de me dire me laisse perplexe.

Comment demander des clarifications ?
- Je ne comprends pas ce que vous voulez dire.
- Je ne crois pas avoir bien compris votre question.
- Pourriez-vous répéter votre question ?
- Voulez-vous dire que… ?
- Que veut dire… ?

Comment exprimer une opposition ?
- Mais
- Cependant
- Néanmoins
- Pourtant
- Toutefois
- Or
- En revanche

Comment exprimer une cause ?
- Car
- En effet
- Étant donné que
- Puisque
- Vu que

Comment exprimer une conséquence ?
- Ainsi
- Alors
- C'est pourquoi
- Donc
- Par conséquent
- Si bien que

Comment exprimer une alternative entre deux idées ?
- D'un côté…, d'un autre côté…
- D'une part…, d'autre part…
- Soit…, soit…

3.5 Conseils pour le Jour J

Ce qu'il *faut* faire au moment de l'examen oral

La préparation (15 minutes)
- ✔ Analysez la photographie et le titre de la photographie.
- ✔ Organisez vos notes. Rappelez-vous que vous ne devez écrire qu'une dizaine de lignes.
- ✔ Montrez une progression dans l'organisation de vos idées.
- ✔ Préparez un plan pour votre présentation.
- ✔ Demandez-vous comment vous pourriez élargir le débat.
- ✔ Anticipez les questions de votre professeur.
- ✔ Organisez votre temps. Nous vous suggérons de diviser les 15 minutes de préparation de la manière suivante :
  - – 5 minutes pour dégager les idées principales de la photographie et du titre (trouvez des mots-clés)
  - – 5 minutes pour faire le plan de votre présentation
  - – 5 minutes pour réfléchir aux questions que votre professeur pourrait vous poser pendant la discussion.
- ✔ Restez calme !

La présentation (de 3 à 4 minutes)
- ✔ Avant de commencer, donnez votre nom et votre numéro de session du candidat.
- ✔ Rappelez-vous que votre examen ne dure que de 8 à 10 minutes, ce qui est très court ! Cela vous donne donc peu de temps pour montrer tout ce dont vous êtes capable.
- ✔ Précisez le thème général de la photographie.
- ✔ Présentez vos idées selon le plan que vous vous êtes imposé lors de la préparation.
- ✔ Vos idées doivent être concises, structurées et recherchées.
- ✔ Donnez des exemples concrets.
- ✔ Développez vos réponses.

La discussion (de 5 à 6 minutes)
- ✔ Demandez à votre professeur de répéter ou de clarifier sa question si vous n'avez pas bien compris.
- ✔ Réfléchissez avant de répondre aux questions de votre professeur.
- ✔ Assurez-vous de toujours bien répondre à la question.
- ✔ Pensez à utiliser des mots de liaison.
- ✔ Prenez des initiatives ! Vous devez mener la conversation et ne pas attendre les questions de votre professeur.
- ✔ Cherchez à impressionner votre professeur et l'examinateur qui va peut-être écouter votre examen oral et le corriger.

✔ Rappelez-vous que les questions de votre professeur ne sont pas des pièges ! Il/elle est là pour vous aider et vous mettre en valeur. Si votre professeur vous pose une question, c'est qu'il/elle estime que vous pouvez y répondre. Une question plus difficile a parfois pour but de vous faire approfondir vos idées de manière à vous faire obtenir une meilleure note.

✔ Parlez de façon claire et audible.

✔ Soyez enthousiaste et souriez !

Ce qu'il ne faut *pas* faire au moment de l'examen oral

✗ Ne répondez pas seulement par « oui » ou par « non ».

✗ Ne parlez pas trop vite, sinon personne ne vous comprendra.

✗ Ne lisez pas vos notes.

✗ Ne récitez pas des faits appris par cœur et encore moins s'ils n'ont aucun rapport avec la question posée.

✗ Ne perdez pas de temps ! Dès les premiers instants de votre examen, vous devez vous exprimer clairement en utilisant des expressions et des structures grammaticales appropriées.

✗ N'inventez pas de faits.

✗ N'utilisez que des mots dont vous êtes sûr(e) de leur signification et de leur existence.

✗ Ne paniquez pas !

3.6 Entraînez-vous !

Vous allez travailler sur une série de photographies. Pour commencer, nous allons vous aider avec l'analyse d'une photographie. Ensuite, à vous d'étudier et de réfléchir à une deuxième photographie et de l'analyser de la même façon.

Analysez une photographie

Photographie 1 : Voilées ou pas dans les rues de Marseille ?

Répondez aux questions ci-dessous.

1 À laquelle des cinq options cette photographie est-elle liée ?

....

2 Regardez attentivement la photographie et lisez le titre. Quelle est la problématique de cette photographie ? Cochez la bonne réponse.

- Y a t-il trop de touristes à Marseille ? ☐
- L'interdiction du port du voile intégral en France, est-ce une bonne décision ? ☐
- Les nouvelles technologies sont-elles à la portée de tous ? ☐

3 Faites une liste de **dix** mots-clés qui décriraient le mieux la femme à gauche de la photographie et la femme à droite de la photographie. La liste de mots ci-dessous peut vous aider à remplir la grille.

- une tenue légère
- un voile intégral
- caché
- à la mode
- un symbole religieux
- la laïcité
- l'asservissement
- des signes ostentatoires
- la modernité
- l'intégration

Femme à gauche de la photographie	Femme à droite de la photographie
Exemple : Une tenue légère	

Répondez maintenant aux questions suivantes. Plusieurs réponses sont possibles.
Des suggestions de réponses sont données en dessous de chaque question.

4 Qui sont les deux femmes sur la photographie ?

- Deux Françaises musulmanes. ☐
- Deux musulmanes : l'une est française et l'autre vient d'arriver en France. ☐
- Elles sont de la même famille. ☐
- Elles sont amies. ☐
- Elles ne se connaissent pas. ☐
- Autre (spécifiez) : ……………………………… ☐

5 Comment pourriez-vous décrire la femme à gauche ?

- Elle est moderne. ☐
- Elle ne respecte pas la religion musulmane. ☐
- Elle est habillée de manière provocante. ☐
- Elle est habillée comme toutes les autres Françaises. ☐
- Autre (spécifiez) : ……………………………… ☐

6 Comment pourriez-vous décrire la femme de droite ?

- Elle est à la mode. ☐
- Elle est couverte par son voile de la tête aux pieds. ☐
- Elle respecte sa religion. ☐
- Elle se moque du regard des autres. ☐
- Autre (spécifiez) : ………………………………… ☐

7 Que pensent-elles l'une de l'autre ?

- Chacune respecte les idées de l'autre. ☐
- Elles pensent que l'autre ne suit pas correctement la religion musulmane. ☐
- La manière dont l'autre s'habille ne l'intéresse pas. ☐
- Elle trouve que l'autre s'habille de manière beaucoup trop provocante. ☐
- Autre (spécifiez) : ……………………………… ☐

8 Quel message a voulu faire passer le photographe ?

- Il a voulu montrer les différentes manières de s'habiller à Marseille. ☐
- Il a voulu montrer les différentes manières de vivre la religion musulmane. ☐
- Il porte un jugement négatif sur la manière de s'habiller d'une de ces deux femmes. ☐
- Il prouve que même si elles ne sont pas habillées de la même manière, ces deux femmes peuvent cohabiter et s'entendre. ☐
- Autre (spécifiez) : ……………………………… ☐

9 Quels effets cette photographie a-t-elle eus sur vous ? Avez-vous été :

- choqué(e) ? ☐
- surpris(e) ? ☐
- amusé(e) ? ☐
- intéressé(e) ? ☐
- irrité(e) ? ☐
- Autre (spécifiez) : ……………………………… ☐

10 Quelles sont vos opinions au sujet de cette situation ?

- Je n'en avais jamais entendu parler avant de l'étudier en classe. ☐
- Il n'y a pas ce genre de situation dans mon pays. ☐
- Chacun est libre de vivre sa religion comme il le veut. ☐
- C'est une question qui ne touche que quelques musulmans. ☐
- Étant le pays des droits de l'homme, la France ne devrait pas interdire le port du voile intégral. ☐
- Le voile est une atteinte à la liberté d'expression des femmes. ☐
- Mon pays est une démocratie et chacun peut s'habiller comme il le veut. ☐
- Autre (spécifiez) : ……………………………… ☐

Préparez-vous !

En vous aidant du plan suggéré aux pages 146–147 et en vous aidant des différentes idées développées dans les exercices, vous pouvez maintenant écrire quelques notes qui vous serviront à présenter cette photographie.

Vous devez maintenant anticiper les questions de votre professeur. Voici des exemples de questions qu'il/elle pourrait vous poser lors de la discussion :

- Est-ce un acte raciste que d'interdire le port du voile intégral ?
- Devrait-on interdire tous les signes religieux dans tous les pays ?
- Quelles solutions apporteriez-vous à ce problème ?
- Pensez-vous que la société devient de plus en plus raciste ? Pourquoi ? Pourquoi pas ?
- Pensez-vous qu'en autorisant le port du voile ou autre signe religieux dans un pays, celui-ci risque de perdre son identité ?

Photographie 2 : Le peuple dit non

Répondez aux questions ci-dessous.

1 À laquelle des cinq options cette photographie est-elle liée ?

....

2 Regardez attentivement la photographie et lisez le titre. Quelle est la problématique de cette photographie ? Cochez la bonne réponse.

- Les sciences nous empêchent-elles de communiquer ? ☐
- S'exprimer dans la rue, une tradition française ? ☐
- Comment diminuer la pollution dans les grandes villes ? ☐

3 Faites une liste de **dix** mots-clés qui décriraient le mieux la photographie.
   Vous pouvez décrire :

   - le lieu où a été prise cette photographie
   - l'homme au milieu
   - les autres personnes
   - l'atmosphère

Répondez maintenant aux questions suivantes.

4 Où a été prise la photographie ?

   ....

5 Qui est l'homme au milieu ?

   ....

6 Qui sont les autres personnes ?

   ....

7 Que font-ils ?

   ....

8 D'après vous, contre quoi sont-ils en colère ?

   ....

9 Quel message a voulu faire passer le photographe à travers cette
   photographie ?

   ....

10 Quels effets cette photographie a-t-elle eus sur vous ?

   ....

11 Quelles sont vos opinions au sujet de ce problème ?

   ....

Préparez-vous !

En vous aidant du plan suggéré à la page 146 et en vous aidant des différentes idées développées dans les exercices, vous pouvez maintenant écrire quelques notes qui vous serviront à présenter cette photographie.

Vous devez maintenant anticiper les questions de votre professeur. Voici des exemples de questions qu'il/elle pourrait vous poser lors de la discussion :

- Pensez-vous que les manifestations soient un phénomène typiquement français ? Peut-on dire qu'il s'agit d'une tradition française ?
- Pensez-vous que les manifestations soient des moyens efficaces pour se faire entendre ? Pourquoi ? Pourquoi pas ?
- Quelles sont les causes principales des manifestations ?
- Aimeriez-vous manifester ? Pour quelles causes ?
- Y a-t-il des aspects de notre société qui vous mettent en colère ? Lesquels ? Pourquoi ?

À vous maintenant !

Vous allez maintenant étudier dix photographies. Il y a deux photographies pour chacune des cinq options :

- Coutumes et traditions
- Diversité culturelle
- Loisirs
- Santé
- Sciences et technologie

Pour chaque option, pour vous aider avec la **première** photographie :

- Des questions-clés au sujet de la photographie vous sont posées et vous permettent de préparer votre **présentation** de 3 à 4 minutes.
- Des questions supplémentaires vous sont ensuite proposées. Elles sont similaires à celles que votre professeur pourrait vous poser lors de la **discussion**.

Pour la **deuxième** photographie de chaque option, seules des questions pour vous aider à préparer la **discussion** vous sont proposées. À vous de trouver des idées et de les organiser pour la **présentation** de chacune de ces photographies.

Coutumes et traditions

Photographie 1 : Vive les mariés !

Questions-clés pour préparer la présentation

1 Où a été prise la photographie ?

2 Que vient-il de se passer ?

3 Qui sont les personnages sur la photographie ?

4 Quels liens y a-t-il entre les différents personnages de la photographie ?

5 Que ressent chacun des personnages ?

6 Pourquoi montrent-ils de tels sentiments ?

7 D'après vous, qui est le/la photographe ?

8 Pourquoi a-t-il/elle pris cette photographie ?

9 Quel(s) effet(s) cette photographie a-t-elle eu(s) sur vous ?

10 Pouvez-vous voir des différences entre ce mariage et un mariage typique de votre pays ?

Questions supplémentaires pour la discussion

1 Aimeriez-vous vous marier ? Pourquoi ? Pourquoi pas ?

2 D'après vous, pourquoi se marie-t-on de moins en moins dans certains pays ?

3 Pensez-vous que le mariage homosexuel doive être autorisé ? Pourquoi ? Pourquoi pas ?

4 Comment célèbre-t-on le mariage dans votre pays ?

5 Attachez-vous beaucoup d'importance aux traditions ? Pourquoi ? Pourquoi pas ?

Photographie 2 : Repas du dimanche en famille

Idées pour la présentation

Questions supplémentaires pour la discussion

1 La famille, c'est important pour vous ? Pourquoi ? Pourquoi pas ?

2 Vos amis occupent-ils une place plus importante que votre famille dans votre vie ?

3 Vous arrive-t-il de vous disputer avec votre famille ? À quel(s) sujet(s) ?

4 Qu'est-ce qu'une famille moderne ? Y a-t-il des différences entre la famille telle qu'elle était conçue du temps de vos grands-parents et la famille d'aujourd'hui ?

5 En quoi la famille française (ou la famille dans un autre pays francophone) est-elle différente de la famille dans votre pays ?

Diversité culturelle

Photographie 1 : Le 6 janvier, on mange de la galette des rois.

Questions-clés pour préparer la présentation

1 Où a pu être prise cette photographie ?

2 À quel moment du repas se mange la galette des rois ?

3 Avec qui peut-on partager une galette des rois ?

4 Que peut-on trouver à l'intérieur de la galette des rois ? À quoi cela sert-il ?

5 À quoi sert la couronne qui se trouve sur la galette des rois ?

6 Avez-vous déjà mangé de la galette des rois ? Si oui, racontez votre expérience.

7 D'après vous, pourquoi la galette des rois est-elle une tradition si populaire ?

8 Comprenez-vous que tant d'importance soit attachée à cette tradition ?

9 Connaissez-vous une autre tradition culinaire francophone ? Si oui, laquelle ?

10 Décrivez une tradition culinaire typique de votre pays.

Questions supplémentaires pour la discussion

1 Quelles traditions sont typiques dans votre pays ?

2 Les traditions sont-elles importantes pour vous ? Pourquoi ? Pourquoi pas ?

3 Les traditions de votre pays sont-elles en train de se perdre ? Pourquoi ? Pourquoi pas ?

4 Alors que nous vivons dans une société de plus en plus cosmopolite et consumériste, les traditions ont-elles encore leur place ?

5 Pensez-vous que les traditions reflètent l'identité d'un pays ?

L'Épiphanie est une fête chrétienne qui célèbre, le 6 janvier, la visite des Rois Mages à l'enfant Jésus. Cette fête perd de plus en plus son aspect religieux mais est toujours célébrée en mangeant de la galette des rois en famille ou entre amis. Dans chaque galette des rois, se trouve une fève. La personne qui la reçoit dans sa part devient le roi ou la reine et doit porter la couronne.

Photographie 2 : Parlez-vous français ?

S KE TU VA O KOUR DE FRAN C ?

Idées pour la présentation

Questions supplémentaires pour la discussion

1 Pensez-vous que le français soit menacé par les nouvelles technologies ?

2 Votre langue maternelle est-elle menacée par les nouvelles technologies ?

3 Que pensez-vous de l'adoption et de l'usage de mots étrangers dans votre langue maternelle ?

4 Pourquoi apprenez-vous le français ?

5 Pensez-vous que le français ait de l'avenir dans notre société contemporaine ? Pourquoi ? Pourquoi pas ?

Photographie 1 : Des vacances seuls au monde ?

Questions-clés pour préparer la présentation

1 Où a été prise la photographie ?

2 Que font les personnages sur la photographie ?

3 Pourquoi sont-ils tous là ?

4 Se connaissent-ils ?

5 Que ressentent-ils ?

6 Quel message cherche à faire passer le/la photographe ?

7 À votre avis, quels sont les sentiments du/de la photographe ?

8 Cette photographie fait-elle référence à un problème de votre pays ?

9 Que ressentez-vous en regardant cette photographie ?

10 Est-ce le genre de vacances que vous aimez passer ? Pourquoi ? Pourquoi pas ?

Questions supplémentaires pour la discussion

1 Préférez-vous passer vos vacances dans votre pays ou à l'étranger ? Pourquoi ?

2 Pensez-vous que les vacances puissent vous aider à grandir ou à vous épanouir ?

3 Aimeriez-vous vous rendre plus utiles pendant vos vacances en aidant et en travaillant pour des œuvres humanitaires à l'étranger ? Pourquoi ? Pourquoi pas ?

4 Lorsque vous voyagez, avez-vous le sentiment d'être le/la représentant(e) de votre pays ?

5 Le tourisme est-il important pour l'économie de votre pays ? Pourquoi ? Pourquoi pas ?

Photographie 2 : La route vers la victoire ?

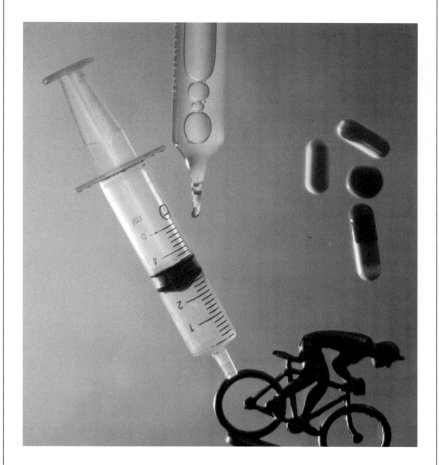

Idées pour la présentation

Questions supplémentaires pour la discussion

1 Pourquoi certains cyclistes du Tour de France se dopent-ils ?

2 D'après vous, le dopage est-il une forme de tricherie ?

3 Est-il vrai que tous les sportifs de haut niveau sont des drogués ?

4 Pensez-vous que les sportifs soient trop payés ?

5 Pourquoi le Tour de France est-il un événement si populaire en France mais aussi partout dans le monde ?

Photographie 1 : Marche en faveur de la légalisation du cannabis

Questions-clés pour préparer la présentation

1 Où a été prise la photographie ?

2 Que voyez-vous au premier plan ? Au second plan ?

3 Qui sont les personnages sur la photographie ?

4 Que font-ils là ?

5 Que représente le dessin sur le tee-shirt de la personne qui est de dos ?

6 Quel message cherche à faire passer le photographe ?

7 Êtes-vous d'accord avec le photographe ?

8 Existe-t-il une situation similaire dans votre pays ?

9 Vous sentez-vous concerné(e) par cette situation ?

10 Quelles solutions pourriez-vous proposer ?

Questions supplémentaires pour la discussion

1 Êtes-vous pour ou contre la dépénalisation du cannabis ? Pourquoi ? Pourquoi pas ?

2 La consommation de cannabis est-elle répandue parmi les jeunes ? Pourquoi ? Pourquoi pas ?

3 Pourquoi certaines personnes consomment-elles du cannabis ?

4 On dit que l'alcool est plus dangereux que le cannabis, alors pourquoi ne pas légaliser le cannabis comme l'alcool ?

5 Si toutes les drogues étaient légalisées, quelles en seraient les conséquences ?

Photographie 2 : Anorexie – est-elle toujours trop grosse ?

Idées pour la présentation

Questions supplémentaires pour la discussion

1 Quels sont les facteurs dans notre société qui encouragent l'anorexie et la boulimie ?

2 Que pourrait faire la société pour lutter contre l'anorexie ou la boulimie ?

3 Pensez-vous qu'on mange de plus en plus mal et qu'on fasse de moins en moins attention à son alimentation ?

4 Les fast-foods vont-ils un jour remplacer les restaurants de cuisine traditionnelle ? Pourquoi ? Pourquoi pas ?

5 Pensez-vous que les jeunes aient une vie saine ? Pourquoi ? Pourquoi pas ?

Photographie 1 : Des accros de l'écran lors d'une
compétition de jeux vidéo

Questions-clés pour préparer la présentation

1 Où a été prise la photographie ?

2 Quels objets pouvez-vous remarquer ? À quoi servent-ils ?

3 Qui sont les personnages sur la photographie ?

4 Se connaissent-ils ? Se parlent-ils ?

5 Que font-ils ?

6 Que ressentent-ils ?

7 Quel message cherche à faire passer le/la photographe ?

8 Êtes-vous d'accord avec le/la photographe ?

9 Que ressentez-vous en regardant cette photographie ?

10 Vous sentez-vous concerné(e) par cette situation ?

Questions supplémentaires pour la discussion

1 Les nouvelles technologies sont-elles les nouvelles drogues de la
société contemporaine ?

2 L'ordinateur est-il un outil indispensable de notre époque ? Pourquoi ?
Pourquoi pas ?

3 À votre avis, les nouvelles technologies favorisent-elles la communication
et les échanges entre les gens ? Pourquoi ? Pourquoi pas ?

4 Quelle est l'invention technologique qui, selon vous, a été la plus utile
pour le monde ? Pour vous ?

5 Êtes-vous technophile ou technophobe ?

Photographie 2 : Des éoliennes dans votre jardin ?

Idées pour la présentation

Questions supplémentaires pour la discussion

1 Quelle serait votre réaction si on construisait des éoliennes dans votre ville ?

2 Quels sont les avantages et les inconvénients des éoliennes ?

3 Est-ce que l'énergie renouvelable doit remplacer l'énergie fossile ? Pourquoi ? Pourquoi pas ?

4 Pourquoi les gens continuent-ils à utiliser l'énergie fossile ?

5 Êtes-vous pessimiste ou optimiste en ce qui concerne l'avenir de la planète ?

3.7 L'activité orale interactive

Informations essentielles sur l'activité orale interactive

- Vous devez faire trois activités orales interactives en classe. Elles peuvent se dérouler à tout moment lors des deux années du programme et sont évaluées par votre professeur.
- Seule la meilleure des notes sera envoyée en tant que note finale.
- Le déroulement de l'activité orale interactive est le même pour les élèves de niveau moyen et les élèves de niveau supérieur.
- Les activités orales interactives portent sur les sujets du tronc commun.
- Les activités orales interactives doivent s'appuyer sur du matériel varié en français comme des films, des textes écrits, des annonces publicitaires, des chansons, des émissions de télévision…
- Une des trois activités orales interactives doit être basée sur une activité d'écoute.
- Cette épreuve vaut 10 % de la note finale.

Quels sont les sujets du tronc commun ?

- Communications et médias
- Questions mondiales
- Relations sociales

Comment l'activité orale interactive est-elle évaluée ?

La structure de l'examen oral est la même pour les élèves du niveau moyen et pour les élèves du niveau supérieur. Cependant, les critères d'évaluation varient entre le niveau moyen et le niveau supérieur. Vous les trouverez aux pages 144–145.

Quelles sortes d'activités peuvent être demandées pour l'oral interactif ?

- Un débat
- Une discussion
- Une présentation sur un sujet particulier suivie d'une discussion
- Un jeu de rôle

Comment améliorer votre note pour l'activité orale interactive ?

- Participez le plus possible pendant les cours aux débats, discussions et autres activités orales proposées par votre professeur.
- En classe, portez-vous volontaire le plus possible. N'ayez pas peur de lever la main !
- N'ayez pas peur de faire des erreurs. C'est en faisant des erreurs et en vous faisant corriger par votre professeur que vous ferez des progrès.
- Regardez des films francophones en version originale avec sous-titres dans votre langue ou en français, ou même sans sous-titres pour les plus motivés !
- Regardez régulièrement les informations ou des émissions de télévision francophones. Vous pouvez les visionner facilement sur différents sites Internet.
- Organisez une soirée karaoké en français. Fous rires assurés !
- S'il existe un club de français dans votre établissement scolaire ou dans votre ville, inscrivez-vous.

- Si certains élèves de votre établissement scolaire sont francophones, n'hésitez pas à discuter avec eux en français.

- Lors des deux années où vous étudierez le programme du Baccalauréat International, si vous le pouvez, passez du temps dans un pays francophone, si possible seul(e), pour ne pas être tenté(e) de parler votre langue avec vos amis ou votre famille. Vous pouvez faire un stage ou un séjour linguistique dans un pays francophone par exemple.

- Si vous avez des amis ou de la famille dans un pays francophone, passez-leur un coup de fil. Ils seront toujours contents d'avoir de vos nouvelles et vous pourrez ainsi en profiter pour parler français. Il existe de nombreux services qui rendent les communications téléphoniques très peu chères, voire gratuites, alors profitez-en !

Ce qu'il *faut* faire pendant l'activité orale interactive

✔ Vous devez montrer que vos idées sont concises, structurées et recherchées.

✔ Donnez des exemples concrets.

✔ Développez vos réponses.

✔ Posez des questions aux autres élèves de votre classe. Rappelez-vous qu'il s'agit d'un débat ou d'une discussion.

✔ Interrompez poliment les autres élèves de votre classe. La discussion ou le débat doit paraître le plus authentique possible.

✔ Assurez-vous de toujours bien répondre aux questions des autres élèves.

✔ Demandez aux autres élèves de répéter ou de clarifier leur question si vous n'avez pas bien compris.

✔ Réfléchissez avant de répondre aux questions des autres élèves.

✔ Pensez à utiliser des mots de liaison.

✔ Parlez de façon claire et audible.

✔ Soyez enthousiaste et souriez !

Ce qu'il ne faut *pas* faire pendant l'activité orale interactive

✘ Ne répondez pas seulement par « oui » ou par « non ».

✘ Ne parlez pas trop vite sinon personne ne vous comprendra.

✘ Ne lisez pas vos notes.

✘ Ne récitez pas des faits appris par cœur et encore moins s'ils n'ont aucun rapport avec la question posée.

✘ N'utilisez que des mots dont vous êtes sûr(e) de leur signification et de leur existence.

✘ Ne paniquez pas !

Bilan (niveau moyen et niveau supérieur)

Posez-vous les questions suivantes pour vérifier que vous vous êtes bien préparé(e) pour réussir à l'examen oral.

Savez-vous...	OUI	NON
■ ce qui est testé dans cette épreuve ?	☐	☐
■ quelles sont les modalités (durée…) ?	☐	☐
■ quels sont les critères propres à l'examen oral ?	☐	☐
■ sur quelles options va porter le stimulus visuel (NS) ?	☐	☐
■ sur quelles options vont porter les stimuli visuels (NM) ?	☐	☐
■ comment se déroule l'oral individuel ?	☐	☐
■ comment présenter une photographie ?	☐	☐
■ sur quelle partie du programme porte l'oral interactif (tronc commun ou options) ?	☐	☐
■ comment sera attribuée la note pour l'oral interactif ?	☐	☐

4 Le travail écrit

4.1 Informations essentielles sur cette épreuve

En quoi consiste cette épreuve ?

Niveau moyen	Niveau supérieur
Lors de la deuxième année du programme, vous devez rédiger un travail écrit.	
Le travail écrit se compose d'un préambule d'environ 100 mots et d'une tâche écrite de 300 à 400 mots.	Le travail écrit se compose d'un préambule d'environ 150 mots et d'une tâche écrite de 500 à 600 mots.
Le travail écrit est basé sur un des sujets du tronc commun. *Question mondiale*	Le travail écrit a pour sujet l'une des œuvres littéraires étudiées en classe.
Le préambule et la tâche écrite doivent être rédigés en français et être manuscrits.	
Vous devez rédiger votre travail écrit en classe sous la surveillance d'un professeur.	
L'utilisation de dictionnaires et de documents de référence est autorisée lors de la rédaction du préambule et de la tâche écrite.	
Le travail écrit doit être le fruit de votre travail personnel. Votre professeur pourra vous conseiller sur le choix du type de texte mais il/elle ne peut ensuite en aucun cas corriger votre travail écrit ou faire des commentaires.	
Vous devez passer entre 3 et 4 heures à rédiger le travail écrit en une ou plusieurs séances.	
Cette épreuve vaut 20 % de la note finale.	

Quels sont les sujets du tronc commun ?

- Communications et médias
- Questions mondiales
- Relations sociales

4.2 À quoi faut-il s'attendre dans cette épreuve ?

Niveau moyen	Niveau supérieur
Votre professeur va vous fournir trois textes que vous n'avez jamais lus auparavant. Ces trois textes portent sur le même thème et sont en rapport avec un des sujets du tronc commun. Chaque texte comprend entre 300 à 400 mots.	Vous devez choisir l'une des deux œuvres littéraires étudiées en classe.
Chaque texte est issu d'un pays francophone et est donc rédigé en français.	L'œuvre littéraire est issue d'un pays francophone et est donc rédigée en français.
Pour **la tâche écrite**, vous devez rédiger un texte de 300 à 400 mots en utilisant un type de texte qui peut être choisi parmi la liste de textes proposés pour l'épreuve 2 (voir ci-après) et en utilisant des informations tirées de ces trois textes.	Pour **la tâche écrite**, vous devez rédiger un texte de 500 à 600 mots en utilisant des informations tirées du texte littéraire. Vous devez utiliser un type de texte que vous aurez choisi dans la liste ci-après ou tout autre type de texte tel que le récit, le manifeste ou le reportage.
Pour **le préambule**, vous devez rédiger environ 100 mots où vous présentez votre travail, vos objectifs et la manière dont ils ont été atteints.	Pour **le préambule**, vous devez rédiger environ 150 mots où vous présentez votre travail, vos objectifs et la manière dont ils ont été atteints.

Que devez-vous savoir sur les types de textes pour le travail écrit ?

Pour le NM, les types de textes sont les mêmes que ceux proposés pour l'épreuve 2 :

- Article
- Blog/passage d'un journal intime
- Brochure, dépliant, prospectus, tract, annonce publicitaire
- Correspondance écrite
- Critique
- Dissertation
- Information de presse
- Instructions, directives
- Interview
- Présentation, discours, exposé, introduction à un débat
- Proposition (NS seulement)
- Rapport officiel

Pour le NS, vous pouvez aussi choisir un autre type de texte. Pour plus de renseignements au sujet de la rédaction de ces différents types de textes, référez-vous aux pages 82–118.

4.3 Les critères d'évaluation

Il y a quatre critères pour le travail écrit :

Critère A : langue (8 points)
Critère B : contenu (10 points)
Critère C : présentation (4 points)
Critère D : préambule (3 points)
Total : 25 points

Les bandes de notation et les descripteurs de niveaux

Voici les bandes de notation et les descripteurs de niveaux qui correspondent aux quatre critères. Ils indiquent ce que vous devez faire pour atteindre les meilleures notes.

Critère A : langue

- Dans quelle mesure l'élève utilise-t-il la langue avec correction et efficacité ?

  Un élève qui ne rédige pas le nombre minimum de mots se verra enlever 1 point à la note obtenue pour ce critère.

Points	Descripteurs de niveaux	
	Niveau moyen	**Niveau supérieur**
0	Le travail n'atteint pas l'un des niveaux décrits ci-dessous.	Le travail n'atteint pas l'un des niveaux décrits ci-dessous.
1–2	**La maîtrise de la langue est généralement insuffisante.** Un vocabulaire très limité est employé avec de nombreuses erreurs de base. Les structures de phrases sont rarement claires.	**La maîtrise de la langue est limitée et ne permet généralement pas une expression efficace.** Un vocabulaire limité est employé avec de nombreuses erreurs de base. Les structures de phrases simples sont parfois claires.

3–4	**La maîtrise de la langue est limitée et ne permet généralement pas une expression efficace.** Un vocabulaire limité est employé avec de nombreuses erreurs de base. Les structures de phrases sont parfois claires.	**La maîtrise de la langue est généralement satisfaisante malgré de nombreuses impropriétés.** Un vocabulaire assez limité est employé avec de nombreuses erreurs. Les structures de phrases simples sont généralement claires.
5–6	**La maîtrise de la langue est généralement satisfaisante malgré de nombreuses impropriétés.** Un vocabulaire assez limité est employé avec de nombreuses erreurs. Les structures de phrases sont généralement claires.	**La maîtrise de la langue permet une expression efficace malgré quelques impropriétés.** Un vocabulaire varié est employé correctement avec quelques erreurs. Les structures de phrases simples sont claires.
7–8	**La maîtrise de la langue permet une expression efficace malgré quelques impropriétés.** Un vocabulaire varié est employé correctement avec quelques erreurs. Les structures de phrases sont claires.	**La maîtrise de la langue permet une expression efficace.** Un vocabulaire étendu est employé correctement avec peu d'erreurs importantes. Quelques structures de phrases complexes sont employées de façon claire et efficace.

Critère B : contenu

Niveau moyen	Niveau supérieur
• Dans quelle mesure l'élève utilise-t-il bien les sources pour atteindre le ou les objectifs indiqués dans le préambule ? • Dans quelle mesure les sources sont-elles habilement utilisées pour la tâche écrite ? • Dans quelle mesure les informations issues des sources sont-elles bien organisées ?	• Dans quelle mesure l'élève montre-t-il une appréciation de l'œuvre littéraire ? • Dans quelle mesure la tâche écrite est-elle habilement planifiée ?

Points	Descripteurs de niveaux	
	Niveau moyen	Niveau supérieur
0	Le travail n'atteint pas l'un des niveaux décrits ci-dessous.	Le travail n'atteint pas l'un des niveaux décrits ci-dessous.
1–2	**L'élève se sert très peu des sources et n'atteint pas le ou les objectifs indiqués dans le préambule.** L'utilisation des sources est superficielle ou peu développée. Le travail ne montre aucun signe d'organisation.	**L'élève n'utilise pas l'œuvre littéraire.** Les liens établis avec le texte sont superficiels ou peu développés. Le travail ne montre aucun signe d'organisation.
3–4	**L'élève se sert un peu des sources et atteint partiellement le ou les objectifs indiqués dans le préambule.** L'utilisation des sources est élémentaire, mais pertinente. Le travail montre un effort d'organisation.	**L'élève utilise peu l'œuvre littéraire.** Les liens établis avec le texte sont élémentaires. Le travail montre peu de signes d'organisation.

5–6	**L'élève se sert des sources et atteint généralement le ou les objectifs indiqués dans le préambule.** L'utilisation des sources est satisfaisante. Le travail montre une certaine organisation.	**L'élève utilise quelque peu l'œuvre littéraire.** Les liens établis avec le texte sont appropriés et assez bien utilisés. Le travail montre quelques signes d'organisation.
7–8	**L'élève se sert bien des sources et atteint en grande partie le ou les objectifs indiqués dans le préambule.** L'utilisation des sources est bonne. Le travail est généralement organisé.	**L'élève utilise l'œuvre littéraire.** Les liens établis avec le texte sont bons. Le travail montre des signes d'organisation.
9–10	**L'élève se sert efficacement des sources et atteint le ou les objectifs indiqués dans le préambule.** L'utilisation des sources est efficace. Le travail est organisé.	**L'élève utilise bien l'œuvre littéraire.** Les liens établis avec le texte sont efficaces. Le travail montre clairement des signes d'organisation.

Critère C : présentation

- Dans quelle mesure l'élève produit-il bien le type de texte demandé ?
- Dans quelle mesure les conventions relatives au type de texte choisi sont-elles respectées ?

Points	Descripteurs de niveaux	
	Niveau moyen	**Niveau supérieur**
0	Le travail n'atteint pas l'un des niveaux décrits ci-dessous.	Le travail n'atteint pas l'un des niveaux décrits ci-dessous.
1	**Le type de texte n'est pas reconnaissable.** Les conventions relatives au type de texte choisi ne sont pas utilisées.	**Le type de texte est parfois reconnaissable et approprié.** Les conventions relatives au type de texte choisi sont peu utilisées.
2	**Le type de texte est à peine reconnaissable ou n'est pas approprié.** Les conventions relatives au type de texte choisi sont peu utilisées.	**Le type de texte est généralement reconnaissable et approprié.** Quelques conventions relatives au type de texte choisi sont évidentes.
3	**Le type de texte est parfois reconnaissable et approprié.** Les conventions relatives au type de texte choisi sont évidentes.	**Le type de texte est reconnaissable et approprié.** Les conventions relatives au type de texte choisi sont employées efficacement.
4	**Le type de texte est clairement reconnaissable et approprié.** Les conventions relatives au type de texte choisi sont évidentes et employées efficacement.	**Le type de texte est reconnaissable, approprié et convaincant.** Les conventions relatives au type de texte choisi sont variées et employées efficacement.

Critère D : préambule

■ Dans quelle mesure le préambule est-il clair et convaincant ?

Points	Descripteurs de niveaux	
	Niveau moyen	Niveau supérieur
0	Le travail n'atteint pas l'un des niveaux décrits ci-dessous.	Le travail n'atteint pas l'un des niveaux décrits ci-dessous.
1	Le préambule n'est pas clair.	Le préambule n'est pas clair.
2	Le préambule est généralement clair.	Le préambule est généralement clair.
3	Le préambule est clair et se réfère directement aux sources.	Le préambule est clair, pertinent et s'appuie directement sur l'œuvre littéraire.

Comment améliorer votre note?

Pour améliorer votre note dans cette épreuve, vous devriez tenir compte des conseils donnés dans la section 2.4, *Comment améliorer votre note dans la rédaction (NM ; NS section A) ?* Référez-vous aux pages 82–94.

4.4 Entraînez-vous ! (niveau moyen)

Thème A : la violence à l'école

Vous trouverez ci-dessous trois textes sur la violence à l'école. Suivez la démarche proposée. Celle-ci vous montrera comment :

- lire les textes
- retirer le plus d'informations possible des textes
- rédiger la tâche écrite.

À la page 183, vous trouverez un exemple de préambule réalisé à partir de ces trois textes.

Préparation

Avant de lire les trois textes, vérifiez vos connaissances actuelles au sujet de la violence dans les écoles. Vous pouvez remplir le tableau ci-dessous à l'aide de mots-clés ou de simples notes.

Quelles sortes de violence y a-t-il dans les écoles ?	
Quelles sont les causes de la violence dans les écoles ?	
Qui sont les responsables ?	
Qui sont les victimes ?	
Quelles sont les solutions ?	

À vous maintenant !

Lisez maintenant les trois textes ci-dessous. Vous pouvez vous servir d'un dictionnaire pour vérifier les mots et expressions inconnus. Les exercices qui suivent vous aideront à vous servir des informations des différents textes pour la rédaction du travail écrit.

TEXTE A

Un jeune passé à tabac dans son lycée

Agression. Quatre individus encagoulés ont poignardé un lycéen dans la cour de récréation. Deux mineurs ont été interpellés.

Une nouvelle agression a eu lieu dans un lycée du Val-de-Marne, trois semaines après le meurtre d'un élève de 18 ans au lycée Darius-Milhaud du Kremlin-Bicêtre. Tout s'est passé extrêmement vite hier matin au lycée Adolphe-Chérioux de Vitry-sur-Seine. L'intercours de 10 h 15 se termine quand Arthur*, 14 ans, est pris à partie dans la cour. Plusieurs individus encagoulés lui tombent dessus et commencent un tabassage en règle. Dans la mêlée, il est blessé à l'arme blanche à la cuisse gauche. Il est également touché à l'oreille et aspergé de gaz lacrymogène. Selon le parquet de Créteil, les agresseurs tirent alors un coup de feu avec une arme de poing « de type pistolet automatique », mais sans conséquences. Arthur parvient à se réfugier à l'intérieur d'un bâtiment du lycée tandis que ses agresseurs s'enfuient. Le lycéen est sorti hier soir de l'hôpital Kremlin-Bicêtre où il avait été transporté.

Possible règlement de comptes entre bandes rivales

La police s'est saisie de l'enquête et deux mineurs de 15 et 16 ans, soupçonnés d'avoir participé à l'agression, ont été interpellés hier. Une bombe lacrymogène aurait été retrouvée sur l'un d'entre eux, selon une source policière. Les deux suspects habitent Thiais, tout comme la victime, originaire de la cité des Grands-Champs. Parmi les hypothèses des enquêteurs : un règlement de comptes entre cités rivales. Hier soir, ils analysaient les enregistrements d'une caméra de surveillance. D'après la proviseure, Françoise Cadart, les agresseurs seraient « extérieurs à l'établissement ». Le lycée est établi dans un parc départemental de 37 ha. « C'est un endroit agréable, il y a même des écureuils, confie Catherine Beaumont, parent d'élève, mais il n'y a aucun contrôle. On rentre comme on veut. » Joao, lycéen, confirme : « Ils ne contrôlent jamais les carnets de correspondance. Peut-être qu'il faudrait des badges… » La réponse immédiate a été le déploiement d'une équipe mobile de sécurité (EMS). Celle-là même que le ministre de l'Éducation veut généraliser à toutes les académies d'ici au 31 mars.

Louis Moulin, avec Vincent Vérier et Joffrey Vovos

[357 mots]

Le Parisien, 3 février 2010

---

* Le prénom a été changé.

Monsieur le ministre de l'Éducation nationale,

D'AUTRES SOLUTIONS À LA VIOLENCE À L'ÉCOLE EXISTENT !

Mercredi, une enseignante a été agressée. Cette violence s'ajoute à la longue liste de celles déjà enregistrées. Toutes les solutions doivent désormais être envisagées pour protéger les élèves et les enseignants.

1. Faire respecter l'autorité des professeurs
Les enseignants doivent être rétablis dans leur mission première, qui est de transmettre des savoirs et non de gérer des problèmes sociaux. Le droit de donner des « zéros de conduite » et de décider du passage des élèves dans la classe supérieure doit leur être rendu.

2. Former les professeurs à l'application de la discipline
L'importance décisive du premier contact avec les élèves, de la tenue du professeur, de son déplacement à travers la classe, du regard adressé à chaque enfant pendant le cours, peut s'apprendre, de même que les principaux pièges à éviter : crier, chercher à attendrir les élèves ou à « copiner » avec eux.

3. Réintroduire la fonction pleine et entière de surveillant général dans les écoles
La présence d'au moins un surveillant général dans chaque établissement est nécessaire. Sa mission exclusive serait de contrôler les entrées et les sorties, prendre en charge les élèves punis et s'assurer que les sanctions sont effectuées.

4. Créer de vrais cours de civisme
L'enseignement moral et civique est devenu nécessaire aujourd'hui du fait de la défaillance des familles. Ces cours doivent enseigner aux enfants les règles de base de la vie en société.

5. Exclusion définitive à la troisième infraction grave au règlement intérieur
Aucun élève ne doit pouvoir commettre trois infractions graves dans un établissement scolaire sans être renvoyé.

6. Supprimer la réintégration automatique après exclusion d'un établissement scolaire
L'élève exclu doit accomplir lui-même les démarches pour demander sa réadmission : lettre de motivation, sollicitation d'un entretien auprès des chefs d'établissement.

7. Restaurer les internats spécialisés
Certains élèves posent de graves problèmes de discipline, au point d'empêcher les autres élèves d'étudier. Ils doivent être scolarisés à part, si possible en internat, avec les moyens nécessaires pour les remettre sur les rails : encadrement, moyens disciplinaires, rythme de vie imposé.

8. Rétablir prix et récompense pour les élèves méritants

Les enfants qui travaillent sérieusement à l'école doivent être récompensés de toutes les manières possibles. L'usage des prix, récompenses et bourses peut contribuer efficacement à distinguer les élèves méritants.

Monsieur le ministre, nous comptons sur votre sens de la responsabilité pour agir en conséquence.

SOS Éducation

**Rejoignez la liste des signataires de cet appel sur :
soseducation-leblog.com**

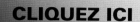

CLIQUEZ ICI

[416 mots]

SOS Éducation, Le blog, http://soseducation-leblog.com, 25 septembre 2009

CHARTE « RUBAN VERT POUR LE RESPECT »

Athénée Royal Adolphe Sax, Communauté scolaire libre Georges Cousot, Collège Notre-Dame de Bellevue, Institut technique de la Communauté française du Domaine d'Herbuchenne

Cette charte s'adresse à tous, professeurs, éducateurs, parents, élèves… à toi citoyen.

I - La parole

Je m'exprime sans crainte, sans vulgarité, sans agressivité, sans blesser l'autre.
Je communique avec gentillesse et politesse.
Dans le respect de l'autre, je prends le temps de l'écouter.

II - Le devoir de parole

L'indifférence est complice de la violence. Je m'engage à briser la loi du silence si je suis témoin ou victime d'actes de violence ou de manipulations.

III - L'accès au savoir

L'école est une chance que j'ai. Je dois la garder sans la gâcher. Je donne le meilleur de moi-même et j'effectue les choix nécessaires pour réussir mon travail.

IV - Les différences

J'accepte l'autre dans ses différences liées à sa religion, sa famille, sa couleur, son physique, sa culture…
Nous sommes tous égaux au plus profond de nous-mêmes.

V - Le respect de soi

Je gère mes émotions, mes problèmes et mes conflits par le dialogue sans avoir recours à la violence physique, verbale ou mentale.

VI - Le cadre de vie

Je respecte tous ceux qui œuvrent pour mon bien-être au quotidien ainsi que les espaces et le matériel mis à ma disposition.

VII - Le respect mutuel

Quels que soient mon âge, mes capacités physiques et intellectuelles, ma fonction dans l'école, j'accueille et je respecte l'autre comme je lui demande de me respecter et de m'accueillir.

VIII - L'aide et l'entraide

Dans un esprit de solidarité et de bienveillance, j'aide les autres dans la mesure de mes possibilités. Je n'ignore personne. Je demande aux autres d'agir de même à mon égard.

IX - L'honneur, la confiance, la conscience

Je m'engage à être honnête dans mes actes et mes paroles pour être reconnu(e) comme une personne fiable.
J'accorde ma confiance aux autres avec prudence et en toute conscience.

X - La citoyenneté

Je me défends sans agresser, en respectant les règlements et les lois. Je suis responsable de mes actes, de mes choix, de mes paroles dans et hors de l'école.
À mon niveau, je participe à la construction d'une société juste où chacun trouve sa place et s'épanouit.

[370 mots]   Ruban Vert

1 À l'aide de surligneurs, notez les informations importantes qui pourront vous aider à rédiger votre travail écrit.

2 Utilisez la grille ci-dessous pour organiser vos idées.

	Texte A	Texte B	Texte C
Quelles sortes de violences y a-t-il dans les écoles ?			
Quelles sont les causes de la violence dans les écoles ?			
Qui sont les responsables ?			
Qui sont les victimes ?			
Quelles sont les solutions?			

3 Vous devez maintenant déterminer le sujet du travail écrit que vous allez rédiger.

Posez-vous les questions suivantes :

- Qu'ai-je appris sur la violence dans les écoles en lisant ces trois textes ?
- Quelles informations m'ont semblé les plus intéressantes ?
- Quel message aimerais-je transmettre dans mon travail écrit ?
- À qui voudrais-je transmettre mon message ?
- Quel type de texte sera le plus approprié pour transmettre mon message ?

4 Vous devez maintenant concevoir un sujet de travail écrit.

Dans votre travail écrit, vous allez utiliser des informations tirées des trois textes proposés.

- Si vous voulez alerter vos camarades d'école au sujet du problème de la violence dans les écoles, vous pouvez rédiger **un article** pour le journal de votre école.
  Exemple : Vous êtes choqué(e) par la montée de la violence dans les écoles. Vous rédigez un article pour le journal de votre école dans lequel vous attirez l'attention de vos camarades sur la situation et dans lequel vous apportez des solutions.

- Si vous voulez faire partager votre expérience dans une école (imaginaire ou pas) où il existe de la violence, vous pouvez rédiger **une page de blog**.
  Exemple : La violence est très présente dans votre école et vous en avez peut-être même été une des victimes. Vous rédigez une page de votre blog dans laquelle vous décrivez ce qui se passe dans votre école et où vous suggérez des solutions pour supprimer cette violence.

- Si vous voulez informer de manière objective, vous pouvez rédiger **une brochure**.
  Exemple : La violence est maintenant présente dans beaucoup d'établissements scolaires. Afin d'attirer l'attention des élèves de votre école, vous rédigez une brochure dans laquelle vous exposez la situation et apportez des solutions.

- Si vous voulez prendre position, vous pouvez rédiger **une lettre de protestation** au directeur ou à la directrice de votre établissement scolaire. *Exemple* : *Vous constatez que la violence dans votre école est de plus en plus présente. Vous rédigez une lettre de protestation adressée au directeur/à la directrice de votre établissement scolaire dans laquelle vous lui faites part de votre expérience et lui donnez quelques solutions.*

Quelques conseils avant de commencer la rédaction de votre travail écrit

✔ Assurez-vous de bien utiliser un vocabulaire approprié au sujet de votre travail écrit, ici la violence dans les écoles.

✔ Utilisez des connecteurs logiques.

✔ Vérifiez que le registre correspond à la situation de communication et assurez-vous d'employer des expressions adaptées à la tâche écrite.

✔ Soignez votre écriture.

✔ N'écrivez pas moins de 300 mots mais pas plus de 400 mots. Si vous n'atteignez pas le nombre de mots minimum ou si vous dépassez le nombre de mots maximum, vous serez pénalisé(e) d'1 point à la note obtenue pour le critère A.

✔ Ne recopiez pas des passages entiers de textes proposés par votre professeur.

✔ Ne recopiez pas de passages d'autres textes relatifs au sujet de votre travail écrit. Vous pourriez être accusé(e) de plagiat.

---

5 Vous devez maintenant rédiger le préambule.

Le préambule doit compter environ 100 mots. Vous devez y mentionner :

- le titre de votre devoir
- le type de texte que vous allez utiliser
- pourquoi vous avez choisi ce sujet et ce qu'il vous inspire
- les buts que vous voulez atteindre
- comment vous avez atteint ces buts.

Exemple d'un préambule

Vous êtes choqué(e) par la montée de la violence dans les écoles. Vous rédigez un article pour le journal de votre école dans lequel vous attirez l'attention de vos camarades sur la situation et dans lequel vous apportez des solutions.

Le préambule du sujet ci-dessus pourrait être le suivant. Les commentaires dans la marge de droite vous aideront à comprendre comment satisfaire au critère pour le préambule : il doit être clair et cohérent.

L'article « Sauvons les écoles ! » a pour but d'attirer l'attention des élèves de mon établissement scolaire sur la montée de la violence dans les écoles. C'est un phénomène malheureusement de plus en plus répandu. **①**   En dénonçant certains faits violents et en apportant des solutions applicables par les professeurs comme par les élèves, la vie dans certains établissements pourrait devenir plus calme. Les élèves comme les professeurs pourraient travailler dans de meilleures conditions. **②**

Afin d'attirer l'attention du lecteur, j'utilise des images qui choquent et je m'adresse directement à celui-ci en utilisant des phrases exclamatives et impératives de manière à ce qu'il se sente concerné. **③**

[102 mots]

① Le thème de la violence dans les écoles est clairement énoncé.

② Une présentation cohérente de la tâche écrite est faite.

③ L'élève explique comment il fait pour transmettre son message de manière efficace.

Thème B : l'eau

Vous trouverez ci-dessous trois textes sur le manque d'eau dans le monde. Suivez la démarche proposée. Celle-ci vous montrera comment :

- lire les textes
- retirer le plus d'informations possible des textes
- rédiger la tâche écrite.

À la page 187, vous trouverez un exemple d'une tâche écrite réalisée à partir de ces trois textes.

Préparation

Avant de lire les trois textes, vérifiez vos connaissances actuelles au sujet du manque d'eau dans le monde. Vous pouvez remplir le tableau ci-dessous à l'aide de mots-clés ou de simples notes.

Quelles sont les causes du manque d'eau ?	
Qui sont les responsables ?	
Quelles répercussions le manque d'eau a-t-il sur la société ?	
Quelles sont les personnes les plus atteintes par ce manque d'eau ?	
Quelles sont les solutions ?	

À vous maintenant !

Lisez maintenant les trois textes ci-dessous. Vous pouvez vous servir d'un dictionnaire pour vérifier les mots et expressions inconnus. Les exercices qui suivent vous aideront à vous servir des trois sources pour préparer votre rédaction.

TEXTE A

Entretien

Jean-Louis Ballif,
retraité Ircantec,
ancien agronome à l'Inra*
de Châlons-en-Champagne.

Peut-on parler d'une crise de l'eau ?
Le problème de l'eau est fondamental. De lui découlent tous les autres maux : faim, misère, maladies... Or, cette ressource est menacée par la croissance démographique et les activités de l'homme. Exemple : dans l'industrie du papier, il faut 1 000 litres d'eau pour produire trois kilos de ce papier que nous utilisons pour écrire, dans les revues, publicités, emballages... À voir les rayonnages de magazines, cela dépasse l'entendement !

Pourtant, les habitudes de consommation d'eau ont évolué ces dernières années...
Oui, mais la prise de conscience n'est pas assez importante. Alors que certains pays dépensent des millions de dollars pour aller vérifier si la planète Mars comporte ou non de l'eau, 1,3 milliard de personnes sur Terre n'ont toujours pas accès à cette ressource, et 2,5 milliards n'ont aucun système d'assainissement des eaux usées. 4 000 enfants meurent chaque jour pour avoir consommé une eau non potable.

Quelles devraient être les priorités ?
Soyons clairs : bon nombre de régions parmi les plus arides de la planète devraient abandonner purement et simplement la culture de plantes avides en eau. Dans bien des pays, l'agriculture est la principale responsable des pénuries. Si nous voulons apprendre à mieux gérer cet élément vital, nous devons aussi considérer l'eau comme une ressource précieuse, et non plus comme quelque chose qui tombe du ciel. Nous avons besoin d'une véritable éthique de l'eau qui respecte l'eau et les rivières. Chacun doit agir à son niveau...

[261 mots]

par Christophe Polaszek
Les nouvelles de l'Ircantec, janvier 2010

* Institut national de la recherche agronomique

TEXTE B

Eau : stopper la fuite en avant

Par Laure Noualhat

Virtuelle

En dégustant un expresso de douze centilitres, sans s'en rendre compte, on ingurgite 140 litres d'eau cachée. Il s'agit de l'eau – dite eau virtuelle – nécessaire à la culture et au processus de fabrication. En effet, dans certaines plantations, il faut irriguer les caféiers. Le père du concept de l'eau virtuelle, Tony Alla, professeur du King's College de Londres, a reçu le prestigieux prix de l'eau de Stockholm pour ses travaux. Sa méthodologie permet de mesurer l'eau cachée dans tous les produits de la vie courante. Ainsi, un hamburger absorbe 16 000 litres d'eau avant d'être mangé.

Industrielle

Ce chiffre diffère d'un pays à l'autre, mais environ 400 000 litres d'eau sont nécessaires à la fabrication d'une voiture d'1,1 tonne. Dans les processus industriels, l'eau devrait être considérée comme une matière première. À l'échelle de la planète, l'industrie consomme 22 % des ressources en eau douce.

Gaspillée

Dans les pays développés, les problèmes de plomberie sont la source d'un impressionnant gaspillage alors qu'un sixième de l'humanité souffre de pénuries d'eau. Les fuites diffuses sont parfois responsables de la perte de 50 % de l'eau transportée par le réseau.

Polluante

Les toilettes sauvent des vies. Un Terrien sur deux vit en ville et les mégapoles du Sud se développent. L'assainissement dans les grandes zones urbaines des pays en développement est au cœur des discussions. Plus d'une personne sur trois – 2,6 milliards d'individus – ne dispose pas d'évacuation des eaux usées. Ainsi, 85 % des eaux usées dues aux activités humaines sont évacuées dans la nature et polluent les sols. On estime à trois millions le nombre de personnes qui meurent chaque année des maladies liées à l'eau souillée. Chaque année, près de 1,4 million d'enfants meurent de diarrhée. L'usage de latrines permettrait de réduire ce risque de 40 %.

Surconsommée

Plus un pays se développe, plus le régime alimentaire de ses habitants s'enrichit et plus il utilise de l'eau. Le bétail élevé au grain consomme une grande quantité de céréales. Or, pour faire pousser un kilo de céréales, il faut entre 800 et 4 000 litres d'eau. Pour couvrir ces nouveaux besoins, l'ONU prévient : il faudra pomper 390 milliards de m^3 d'eau.

Potable

Porter un verre d'eau à ses lèvres est un geste banal dans les pays développés, où chacun consomme (en boisson et cuisine) entre 3 et 5 litres d'eau quotidiennement. Pourtant, 900 millions de personnes n'ont pas accès à l'eau potable. Dans les régions rurales d'Afrique, plus de 100 millions de femmes passent en moyenne trois heures par jour à aller recueillir de l'eau.

[430 mots]

Libération, le 19 mars 2009

La fable de l'eau

On connaissait le Mouvement des sans-terre, né parmi les paysans déshérités brésiliens. Voici celui des sans-eau, lancé par des Péruviens qui n'en peuvent plus de devoir payer au prix fort une eau de qualité douteuse, délivrée par des camions-citernes dans les zones non raccordées aux réseaux de distribution. Six millions de Péruviens (sur vingt-huit millions) sont privés d'accès à l'eau potable, dans une région, l'Amérique du Sud, qui abrite pourtant le quart des réserves d'eau douce disponibles dans le monde.

Environ 900 millions d'habitants de la planète sont dans le même cas. Les États membres des Nations unies s'étaient engagés, en 2000, à travers les Objectifs du millénaire pour le développement, à diviser ce nombre par deux d'ici à 2015. Il est à peu près certain aujourd'hui que cet objectif ne sera pas tenu.

L'eau n'a pourtant jamais fait couler autant de salive et d'encre. Comme chaque année depuis 1991, des centaines d'experts se sont réunis à Stockholm à l'occasion de la Semaine mondiale de l'eau, du 16 au 21 août. Le thème choisi, « L'accès à l'eau pour le bien de tous » a eu au moins le mérite de ne fâcher personne.

Pourtant, à en croire un rapport des Nations unies publié au mois de mars en préambule au

forum de l'eau qui s'est tenu à Istanbul, la communauté internationale est bien loin de mettre en œuvre les moyens requis par la gravité de la situation. « *Le secteur souffre d'un manque chronique d'intérêt politique, d'une mauvaise gouvernance* », peut-on lire sous la plume de Koïchiro Matsuura, le directeur de l'Unesco. Le Forum de Davos a même rédigé, en janvier, un rapport – aux conclusions inquiétantes – sur les ressources mondiales en eau.

Les pays rassemblés au Forum d'Istanbul se sont pourtant montrés incapables de répondre aux espoirs placés en cette manifestation, qui s'est achevée sur une déclaration décevante. Quelques pays, dont les États-Unis, ont ainsi refusé d'y voir inscrit le droit à l'accès à l'eau potable et à l'assainissement.

Vœux pieux et cris d'alarme se succèdent donc au rythme de conférences internationales qui aboutissent à un constat désormais bien établi : raréfaction de la ressource, incurie de la gestion de l'eau dans de nombreuses régions du monde. Alors, oui, il y a urgence. Mais urgence à agir et à prouver que les Objectifs du millénaire sont bien l'expression d'une volonté commune, et non une fable inventée par la communauté internationale pour se donner bonne conscience.

[403 mots]

Le Monde, 22 août 2009

1   À l'aide de surligneurs, notez les informations importantes qui pourront vous aider à rédiger votre travail écrit.

2   Vous pouvez organiser vos idées à l'aide d'une grille.

3   Vous devez maintenant déterminer le sujet du travail écrit que vous allez rédiger.

Posez-vous les questions suivantes :

- Qu'ai-je appris au sujet du manque d'eau dans notre société en lisant ces trois textes ?
- Quelles informations m'ont semblé les plus intéressantes ?
- Quel message aimerais-je transmettre dans mon travail écrit ?
- À qui voudrais-je transmettre mon message ?
- Quel type de texte sera le plus approprié pour transmettre mon message ?

4 Vous devez maintenant concevoir un sujet de travail écrit.

Dans votre travail écrit, vous allez utiliser des informations tirées des trois textes proposés.

- Si vous voulez alerter vos camarades d'école au sujet du manque d'eau, vous pouvez rédiger **un article** pour le journal de votre école.
- Si vous voulez informer de manière objective, vous pouvez rédiger **un rapport.**
- Si vous voulez prendre position, vous pouvez rédiger **une lettre de protestation** au dirigeant de votre pays.
- Si vous voulez décrire les sentiments et les idées d'un travailleur d'une ONG (Organisation Non Gouvernementale), vous pouvez rédiger **une interview**.

Exemple d'un travail écrit

Vous êtes choqué(e) par le manque d'eau à travers le monde et le fait que l'on ne respecte pas cette ressource précieuse. Vous rédigez un article pour le journal de votre école dans lequel vous attirez l'attention de vos camarades sur la situation et dans lequel vous apportez des solutions.

La tâche écrite du sujet ci-dessus pourrait être la suivante. Les commentaires dans le tableau sous le texte sont liés aux critères identifiés dans la marge de droite. Ils vous aideront à comprendre comment satisfaire aux critères pour cette épreuve.

NOTRE PLANÈTE A SOIF ❶

lundi 22 novembre 2011 ❷

Une bonne douche après l'effort ? Un verre d'eau rafraîchissant ? ❸ Des gestes simples de la vie quotidienne qui sont considérés comme un luxe dans certains pays et qui pourraient bientôt le devenir partout dans le monde. ❹

Nous manquons d'eau ! Nous devons cesser de penser que l'eau est un bien inépuisable et acquis. ❺ Il est de notre devoir de tout faire pour préserver ce bien précieux. ❻

Les causes de la pénurie d'eau ❼

La croissance démographique, la course à la consommation et le gaspillage sont les causes principales de la pénurie d'eau. Vous ne lirez plus jamais votre magazine préféré, qui sera vite lu et vite jeté à la poubelle, de la même manière quand vous saurez qu'environ 150 litres d'eau ❽ ont été nécessaires à sa fabrication. Savez-vous aussi que près de 140 litres d'eau ont été utilisés avant que vous ne puissiez déguster votre petit café chaque matin ? La fabrication d'une voiture nécessite la consommation effarante de près de 400 000 litres d'eau. ❾ À cause des fuites d'eau, trop d'eau est régulièrement gaspillée : il faudrait que les installations hydrauliques soient renouvelées et modernisées. ❿

Les maux liés à la pénurie d'eau ⓫

La pénurie d'eau est associée à beaucoup de maux dont souffrent les pays les plus pauvres. Fait alarmant : 1,3 milliard de personnes ⓬ n'ont pas accès à l'eau courante et leur quotidien est par conséquent fait de misère, de famine et de maladie.

❶	Critère C
❷	Critère C
❸	Critère C
❹	Critères A et C
❺	Critère A
❻	Critères B et C
❼	Critère C
❽	Critère B et C
❾	Critère B et C
❿	Critère A
⓫	Critère C
⓬	Critère B et C

Dans les pays touchés par la pénurie d'eau, les enfants sont amenés à boire de l'eau souillée et chaque année, des millions d'entre eux meurent de diarrhées. **(13)** Il est inadmissible **(14)** que certaines femmes des régions rurales d'Afrique doivent passer plus de trois heures par jour à la recherche d'eau potable pour leur famille.

Quel avenir pour l'eau?

Malgré les efforts des Nations Unies pour attirer l'attention des populations et des dirigeants des pays sur ce problème, un trop grand nombre de personnes sont encore privées d'eau potable. Les dirigeants et l'opinion publique ne semblent pas être sensibles à cet enjeu et la situation ne donne aucun signe d'évolution. **(15)**

Nous devons agir avant qu'il ne soit trop tard, c'est-à-dire très vite ! **(16)**

Alain Delaroche **(17)**

[364 mots]

Critère A : langue
- Le vocabulaire est riche et varié.
- Des structures grammaticales complexes sont utilisées.

Critère B : contenu
- De nombreuses informations provenant des textes A, B et C ont été utilisées.
- Les informations tirées des sources ont été reformulées avec les propres mots de l'élève.
- Le travail est organisé. Chaque paragraphe correspond à une idée précise.
- La position du journaliste est clairement énoncée dès le début du texte.
- L'opinion du journaliste est présentée de manière à convaincre le lecteur.
- La conclusion de l'article fait réfléchir le lecteur et l'incite à prendre une décision.

Critère C : présentation
- Le titre de l'article est clairement mentionné et attire le lecteur.
- La date à laquelle l'article a été rédigé est mentionnée.
- Des questions rhétoriques attirent le lecteur et l'amènent à se poser des questions sur la suite de l'article.
- Le chapeau précise le contenu de l'article.
- Des intertitres sont utilisés pour introduire et résumer les idées du prochain paragraphe.
- Des faits et statistiques sont utilisés et ajoutent du poids à l'argumentation.
- Le nom du journaliste est mentionné.

5 Vous devez maintenant rédiger le préambule.

Le préambule doit compter environ 100 mots. Vous devez y mentionner :

- le titre de votre devoir
- le type de texte que vous allez utiliser
- pourquoi vous avez choisi ce sujet et ce qu'il vous inspire
- les buts que vous voulez atteindre
- comment vous avez atteint ces buts.

Le préambule du sujet ci-dessus pourrait être le suivant. Les commentaires dans la marge de droite vous aideront à comprendre comment satisfaire au critère pour le préambule : il doit être clair et cohérent.

L'article « Notre planète a soif » a pour but d'attirer l'attention des élèves de mon établissement scolaire sur le manque d'eau dans le monde. **1** Il est temps de prendre conscience que l'eau devient un luxe et que nous devons aider les personnes qui ne peuvent pas toujours avoir accès à cette ressource vitale. **2** Afin d'attirer l'attention du lecteur, j'utilise des exemples concrets et parfois choquants. Je m'adresse aussi directement à celui-ci en utilisant des phrases interrogatives de manière à ce qu'il prenne conscience de cette situation dramatique et pour qu'il se pose lui-même des questions sur la manière dont il pourrait agir. **3**

[101 mots]

1 Le thème du manque d'eau est clairement énoncé.

2 Une présentation cohérente des idées de la tâche écrite est faite.

3 L'élève explique comment il/elle veut communiquer son message de manière efficace.

4.5 Entraînez-vous ! (niveau supérieur)

Œuvre littéraire A : *La Peste*, Albert Camus (1947)

La Peste d'Albert Camus pourrait être une des œuvres que vous avez étudiées en classe avec votre professeur.

1 Compléter une grille comme celle ci-dessous peut vous aider à vérifier vos connaissances au sujet de l'œuvre.

a)	**Informations à propos de l'auteur**	Albert Camus, né le 7 novembre 1913 à Mondovi en Algérie, mort le 4 janvier 1960 à Villeblevin en France. Écrivain, dramaturge, essayiste, philosophe ; journaliste engagé dans la Résistance
b)	**Titre de l'œuvre**	*La Peste*
c)	**Quel est le genre de l'œuvre littéraire ?**	Roman
d)	**Comment l'œuvre littéraire est-elle organisée ?**	Le roman est divisé en cinq parties ; chaque partie comprend un nombre inégal de chapitres
e)	**Où se passe l'action ?**	À Oran en Algérie
f)	**Qui est le personnage principal ?**	Le docteur Rieux, médecin
g)	**Comment pourriez-vous décrire le personnage principal ?**	Engagé, lucide, honnête, sympathique, compréhensif envers les autres, modeste
h)	**Qui sont les autres personnages ?**	Tarrou, Rambert, Grand, Paneloux, Cottard
i)	**Qui est le narrateur ?**	On apprend seulement à la fin que Rieux est le narrateur du roman
j)	**Qui sont les thèmes de l'œuvre ?**	La séparation, le symbole de la peste, la mort, l'absurde, la religion, la solidarité, la résistance
k)	**Quelles sont vos impressions au sujet de l'œuvre ?**	Inquiétant, réaliste, intelligent, glauque, pesant

2 Vous devez maintenant déterminer le sujet du travail écrit que vous allez rédiger.

Posez-vous les questions suivantes :

- Que m'a apporté la lecture de cette œuvre ?
- Quels aspects m'ont semblé les plus intéressants ?
- Quel message aimerais-je transmettre dans mon travail écrit ?
- À qui voudrais-je transmettre mon message ?
- Quel type de texte sera le plus approprié pour transmettre mon message ?
- Quelles en sont les caractéristiques ?

3 Vous devez maintenant concevoir un sujet de travail écrit.

Dans votre travail écrit, vous allez utiliser des informations tirées de l'œuvre littéraire. Votre professeur pourra vous aider à choisir le sujet de votre travail écrit. Il devra aussi s'assurer que les élèves de votre classe ne choisissent pas le même sujet.

- Si vous voulez faire partager les sentiments et les idées d'un des personnages, vous pouvez rédiger **une lettre informelle**.
  Exemple : *Contrainte de rester en France, la femme du docteur Rieux n'a pas assisté aux durs événements causés par la peste à Oran. Vous rédigez une lettre dans laquelle le docteur Rieux lui décrit la situation et lui fait part de ses sentiments.*

- Si vous voulez faire partager l'expérience d'un des personnages, vous pouvez rédiger **un passage de son journal intime**.

  Exemple : Le journaliste Rambert cherche par tous les moyens à quitter la ville d'Oran. Vous rédigez un passage de son journal intime dans lequel vous décrivez sa vie quotidienne à Oran ainsi que ses sentiments envers cette ville et envers la France qui lui manque tant.

- Si vous voulez faire partager les sentiments et les idées de l'auteur, vous pouvez rédiger **une interview**.

  Exemple : Imaginez que vous avez pu rencontrer Albert Camus au moment de la sortie de son roman La Peste. *Vous rédigez une interview dans laquelle il vous fait part de ses sentiments et des idées qu'il a voulu transmettre à ses lecteurs dans ce roman.*

- Si vous voulez alerter la population d'Oran, vous pouvez rédiger **un article de journal**.

  Exemple : La ville d'Oran est victime d'une épidémie de peste. Vous rédigez un article de journal dans lequel vous alertez la population d'Oran au sujet de cette épidémie.

Quelques conseils avant de commencer la rédaction de votre travail écrit

✔ Assurez-vous de bien utiliser du vocabulaire approprié au sujet de votre travail écrit.

✔ Utilisez des connecteurs logiques.

✔ Le registre de langue doit être cohérent et convenir à la situation de communication. Assurez-vous donc que vous employez des expressions adaptées à la tâche écrite.

✔ Soignez votre écriture.

✔ N'écrivez pas moins de 500 mots mais pas plus de 600 mots. Si vous n'atteignez pas le nombre de mots minimum ou si vous dépassez le nombre de mots maximum, vous serez pénalisé(e) d'1 point à la note obtenue pour le critère A.

✔ Ne recopiez pas des passages entiers de l'œuvre littéraire.

✔ Ne recopiez pas de passages d'autres textes relatifs au sujet de votre travail écrit. Vous pourriez être accusé(e) de plagiat.

---

4 Vous devez maintenant rédiger le préambule.

Le préambule doit compter environ 150 mots. Vous devez y mentionner :

- le titre de votre travail écrit
- le type de texte que vous allez utiliser
- pourquoi vous avez choisi ce sujet et ce qu'il vous inspire
- les buts que vous voulez atteindre
- comment vous avez atteint ces buts.

Exemple d'un préambule

Contrainte de rester en France, la femme du docteur Rieux n'a pas assisté aux durs événements causés par la peste à Oran. Vous rédigez une lettre dans laquelle le docteur Rieux lui décrit la situation et lui fait part de ses sentiments.

Le préambule du sujet ci-dessus pourrait être le suivant :

Une lettre du docteur Rieux à sa femme restée en France est, à mon avis, le meilleur moyen de lui faire exprimer ses émotions et ses sentiments les plus profonds lors de l'épidémie de peste à Oran. Sa femme étant extérieure à ce qui se passe à Oran, Rieux est plus disposé à partager ses soucis, ses craintes et ses espoirs sans risquer d'être jugé ou critiqué. Cette lettre peut aussi nous aider à mettre en valeur l'humanisme, l'honnêteté et la lucidité qui caractérisent la personnalité de Rieux. On pourra aussi découvrir à quel point les idées de Rieux sont similaires à celles d'Albert Camus. Le médecin dresse un portrait réaliste et détaillé de la ville d'Oran et de ses habitants sans tomber dans l'exagération ou céder à la panique. On sent son intelligence, son besoin de comprendre et d'analyser. Comme dans le roman, le médecin s'exprime d'un ton mesuré. Le lecteur ressent sa tendresse pour sa femme, ce qui contraste avec la passion dévorante que Rambert éprouve pour celle qu'il aime.

[172 mots]

Œuvre littéraire B : *Oscar et la dame rose*, Éric-Emmanuel Schmitt (2002)

Oscar et la dame rose d'Éric-Emmanuel Schmitt pourrait être une des œuvres que vous avez étudiées en classe avec votre professeur. Afin de mieux vous préparer à la rédaction du travail écrit, nous vous conseillons de lire l'œuvre plus d'une fois. Lors de vos lectures, n'hésitez pas à annoter votre livre et à mettre des signets aux pages qui vous paraissent les plus importantes.

1   La grille ci-dessous peut aussi vous aider à vérifier vos connaissances au sujet de l'œuvre.

a)	Informations à propos de l'auteur	Éric-Emmanuel Schmitt, né le 28 mars 1960 à Sainte-Foy-lès-Lyon en France. Dramaturge et romancier
b)	Titre de l'œuvre	*Oscar et la dame rose*
c)	Quel est le genre de l'œuvre littéraire ?	Un roman. Une adaption au théâtre en a été faite.
d)	Comment l'œuvre littéraire est-elle organisée ?	Chaque chapitre est une lettre d'Oscar adressée à Dieu ; chaque lettre correspond à un âge différent de la vie d'Oscar
e)	Où se passe l'action ?	Dans un hôpital pour enfants
f)	Qui est le personnage principal ?	Oscar, un petit garçon atteint de leucémie
g)	Comment pourriez-vous décrire le personnage principal ?	Réaliste, drôle, triste, clairvoyant, amoureux, farceur
h)	Qui sont les autres personnages ?	Mamie-Rose, Peggy Blue, Pop Corn, Einstein, Bacon, les parents d'Oscar
i)	Qui écrit et à qui ?	Oscar parle à Dieu
j)	Quels sont les thèmes de l'œuvre ?	La mort, la maladie, les différents âges de la vie, l'amour, l'enfance
k)	Quelles sont vos impressions au sujet de l'œuvre ?	Touchant, amusant, réaliste, profond, accessible à tous, agréable à lire

2 Vous devez maintenant déterminer le sujet du travail écrit que vous allez rédiger.

Posez-vous les questions suivantes :

- Que m'a apporté la lecture de cette œuvre ?
- Quels aspects m'ont semblé les plus intéressants ?
- Quel message aimerais-je transmettre dans mon travail écrit ?
- À qui voudrais-je transmettre mon message ?
- Quel type de texte sera le plus approprié pour transmettre mon message ?
- Quelles en sont les caractéristiques ?

3 Vous devez maintenant concevoir un sujet de travail écrit.

Dans votre travail écrit, vous allez utiliser des informations tirées de l'œuvre littéraire. Votre professeur pourra vous aider à choisir le sujet de votre travail écrit. Il devra aussi s'assurer que les élèves de votre classe ne choisissent pas le même sujet.

- Si vous voulez exprimer plus clairement des sentiments, vous pouvez rédiger **une interview**.
  Exemple : Michèle Laroque, une actrice française, vient d'interpréter le rôle de Mamie-Rose dans un film tiré du roman. Vous rédigez une interview dans laquelle elle parle de la personnalité de Mamie-Rose, du thème de la mort et de son interprétation du rôle de Mamie-Rose.

- Si vous voulez inciter vos camarades à lire une œuvre littéraire francophone qui vous a particulièrement plu, rédigez **une critique**.
  Exemple : La lecture de Oscar et la dame rose d'Éric-Emmanuel Schmitt vous a beaucoup plu. Vous rédigez une critique dans laquelle vous expliquez pourquoi la lecture de cette œuvre vous a marqué(e). Cette critique sera publiée dans le journal de l'école.

- Si vous voulez faire partager l'expérience de Mamie-Rose, vous pouvez rédiger **un passage de son journal intime**.
  Exemple : Mamie-Rose a joué un rôle important dans la vie d'Oscar lors de ses derniers jours à l'hôpital. Vous rédigez un passage de son journal intime dans laquelle elle décrit sa rencontre avec Oscar et ce que cette rencontre lui a apporté.

- Si vous voulez encourager et féliciter l'auteur, vous pouvez lui écrire **une lettre**.
  Exemple : Vous écrivez une lettre à Éric-Emmanuel Schmitt dans laquelle vous le félicitez pour ce roman et lui expliquez pourquoi, grâce à ce roman, votre regard sur la vie a changé.

Exemple d'une tâche écrite

Michèle Laroque, une actrice française, vient d'interpréter le rôle de Mamie-Rose dans un film tiré du roman. Vous rédigez une interview dans laquelle elle parle de la personnalité de Mamie-Rose, du thème de la mort et de son interprétation du rôle de Mamie-Rose.

> **!** **ATTENTION :** l'exemple de tâche proposé à la page suivante est extrait d'un magazine, mais dans votre examen il est <u>formellement</u> interdit de recopier un texte déjà publié.

La leçon de vie de Michèle Laroque

L'actrice interprète « Oscar et la dame rose », d'Éric-Emmanuel Schmitt. Un conte pour vivre mieux.

Propos recueillis par Marie-Noëlle Tranchant

Avec son humour et sa douceur cachée, Michèle Laroque est un coup de trique qui s'achèverait en caresse. Elle le prouve en accompagnant le petit Oscar vers l'inconnu dans le film qu'Éric-Emmanuel Schmitt a tiré de sa pièce.

Le FIGARO : Qui est Rose ?

Michèle LAROQUE : Une furie. Une écorchée vive qui refuse les autres parce qu'elle s'estime victime. Et ce petit garçon malade la met en vie. Le sujet premier du film, pour moi, c'est la vie, qu'on oublie trop souvent de vivre.

LF : Mais la mort, aussi. Oscar sait qu'il va mourir, même si personne autour de lui n'ose le lui dire.

ML : Et il souffre de cette absence de vérité. Il réclame la « Dame rose » parce qu'il devine qu'elle ne lui mentira pas. Dans nos sociétés, on occulte la mort, mais sa présence ramène à l'essentiel. On pourrait mourir là, accidentellement, et on n'aurait pas vécu autant qu'Oscar. La mort peut aider à mieux vivre parce qu'on est ramené à l'essentiel.

LF : Vous pensez qu'on peut tout dire ?

ML : Oui, quand c'est avec justesse et sincérité. La peur est mauvaise conseillère. Si on pouvait se débarrasser des peurs qui nous emprisonnent ! La peur de la réalité, la peur de l'autre, la peur du futur, la peur de l'épreuve… Dans une société en crise comme la nôtre, les gens se rendent malades à propos de tout. Mais moins on a peur, plus il se passe de belles choses.

LF : On vous dira que c'est dans les contes…

ML : Mais les contes parlent de la réalité. *Oscar* est un conte très salutaire, qui permet de traverser les épreuves différemment en cherchant à s'orienter et à s'accompagner à travers elles. Le livre a été répandu par les médecins et les infirmières pour aider les patients et leur entourage.

LF : Comment interprétez-vous ce jeu que Rose propose à l'enfant : parcourir tous les âges, chaque jour comptant pour dix ans ?

ML : C'est un discours philosophique. Comte-Sponville dit que l'instant présent vécu pleinement, c'est cela l'éternité.

LF : L'intensité plutôt que la durée ?

ML : Mais l'intensité ne signifie pas forcément vivre des choses très fortes, plutôt vivre les bonnes valeurs, ne pas perdre son temps avec les fausses. Vivre intensément, c'est vivre conscient et responsable. Dire ce qu'on veut dire, donner ce qu'on a à donner, recevoir ce qu'on a à recevoir.

LF : C'est l'accident que vous avez eu, jeune fille, qui vous a donné cette sagesse ?

ML : Comme j'ai mis un an avant de pouvoir remarcher, je rêvais que je marchais. Marcher, respirer, c'est déjà un bonheur, je le dis à mes enfants. Quand on sait le savourer, ça vous embellit. Plus besoin de chirurgie esthétique ! Et puis, cette épreuve m'a permis de choisir vraiment ma voie. Avant j'étais tentée de me conformer à ce qu'on attendait de moi. Après, j'ai osé devenir actrice.

LF : Le rôle de Rose vous a demandé une préparation particulière ?

ML : La réalité m'a donné l'expérience, depuis que j'ai été contactée par une association d'enfants malades, « Faire face ». Au départ, je n'étais pas rassurée, mais, coup de bol, je me suis sentie très à ma place. On parle aux enfants un peu comme Rose, et, en essayant de les soulager, on a des inspirations, on part de choses profondes qu'on a en soi et qu'on néglige, dans notre vie de fous habituelle. On retrouve en nous l'enfant intérieur qui peut nous guider vers la joie et la légèreté.

[598 mots]

Le Figaro, 8 décembre 2009

4 Vous devez aussi rédiger le préambule.

Le préambule doit compter environ 150 mots. Vous devez y mentionner :

- le titre de votre devoir
- le type de texte que vous allez utiliser
- pourquoi vous avez choisi ce sujet et ce qu'il vous inspire
- les buts que vous voulez atteindre
- comment vous avez atteint ces buts.

Le préambule du sujet ci-dessus pourrait être le suivant :

Dans le roman « Oscar et la dame rose », Mamie-Rose est le personnage le plus proche d'Oscar lors de son hospitalisation et des derniers jours avant sa mort. Elle fait preuve de beaucoup d'amour et de tendresse à l'égard d'Oscar qui lui fait part de ses peines comme de ses joies. L'actrice, Michèle Laroque, partage avec nous sa propre analyse du personnage de Mamie-Rose et du roman dans son ensemble. Grâce à cette interview, le lecteur apprécie mieux la sensibilité de Mamie-Rose, sa relation avec Oscar et ce que l'auteur veut dire au sujet de la vie et de la mort. Cette interview sera publiée dans un magazine et elle s'adresse donc au grand public. Le langage est clair et concret afin de mieux parler de thèmes qui nous touchent tous. Les questions sont simples mais les réponses sont détaillées pour mieux faire apprécier la complexité de la vie et de la mort.

[152 mots]

Bilan (niveau moyen et niveau supérieur)

Posez-vous les questions suivantes pour vérifier que vous vous êtes bien préparé(e) pour réussir le travail écrit.

Savez-vous...	OUI	NON
■ ce qui est testé dans cette épreuve ?	☐	☐
■ quelles sont les modalités (durée…) ?	☐	☐
■ sur quelle partie du programme porte le travail écrit (NM : tronc commun ou options) ?	☐	☐
■ sur quel sujet et sur quel aspect du sujet porte votre travail écrit (NM) ?	☐	☐
■ sur quelle œuvre littéraire porte votre travail écrit (NS) ?	☐	☐
■ quels sont les critères propres au travail écrit ?	☐	☐
■ comment se passe la séance/se passent les séances de rédaction ?	☐	☐
■ ce qu'il faut préciser dans le préambule ?	☐	☐

5 Le mémoire

5.1 Informations essentielles sur cette épreuve

- Il s'agit d'un travail de recherche indépendant (avec le soutien d'un superviseur).
- Il doit être réalisé dans une des matières du diplôme.
- Le sujet doit être choisi par l'élève (après consultation avec le superviseur).
- Le mémoire représente environ 40 heures de travail.
- Il doit être écrit en français.
- Il doit traiter d'une question relative à :
  - la langue française
  - la culture d'un pays francophone
  - la littérature de langue française.
- Il doit comprendre un maximum de 4000 mots.
- Il est obligatoire pour obtenir le diplôme.
- Il est évalué par un examinateur externe.
- La note attribuée au mémoire est combinée à celle obtenue pour la Théorie de la connaissance. Un maximum de 3 points peut être attribué pour les résultats combinés du mémoire et de la Théorie de la connaissance.

5.2 Comment améliorer votre note ?

Vous avez choisi de rédiger votre mémoire en français B. Bravo ! Voilà un beau défi à relever. Pour y arriver, il est conseillé de suivre la démarche suivante.

1 S'organiser

- Commencez tôt. Il s'agit d'un travail qui exige de la préparation, de la recherche et de la réflexion.
- Fixez-vous un échéancier pour chaque étape du travail.
- Respectez scrupuleusement le calendrier fixé par votre établissement.

2 Se préparer

Il se peut que, inspiré(e) par une œuvre littéraire que vous avez étudiée en classe, un sujet d'actualité ou un voyage que vous avez fait, vous ayez déjà un sujet en tête. Il se peut aussi que vous ne sachiez pas vraiment quel sujet choisir. Dans tous les cas, avant même de fixer votre choix, il est recommandé de consulter : **1**

- le guide pédagogique sur les mémoires (ou à tout le moins la section relative aux mémoires du Groupe 2) **2**
- un rapport pédagogique récent sur les mémoires de français B
- les critères d'évaluation (voir page 203)
- quelques exemples de mémoires rédigés lors de sessions précédentes.

1 Votre superviseur peut vous aider à vous procurer ces documents.

2 Procurez-vous une copie du guide en français. Cela vous aidera à employer la terminologie correcte au moment de la rédaction.

Les questions suivantes devraient vous guider lors du processus de recherche, de rédaction et de révision.

- Avez-vous bien compris les exigences de cette tâche ?
- Le sujet envisagé est-il conforme à ces exigences ?
- Avez-vous bien compris les attentes des examinateurs ?
- Quelles questions devez-vous poser à votre superviseur ?

3 Définir un sujet

Il n'est pas nécessaire que votre sujet soit formulé sous forme de question. Par exemple : « L'image de l'arbre dans *Jean de Florette* et *Manon des Sources* » et « Le thème de l'immigration dans la chanson africaine de langue française » sont deux excellents sujets car ils sont bien délimités et se prêtent à une analyse. Cependant, formuler une question de recherche peut vous aider à bien cerner votre sujet et à vous assurer que vous développerez un raisonnement qui mènera vers une conclusion logique.

4 Formuler une question de recherche ❸

- Êtes-vous motivé(e) par ce sujet ? ❹
- La question de recherche est-elle liée à la langue française, à la culture ou à la littérature d'un pays francophone ?
- Répond-elle aux exigences de l'une des trois catégories du guide ? ❺
- Est-elle clairement formulée ?
- Se prête-t-elle à une véritable analyse plutôt qu'à une simple description ou narration ? ❻
- Est-il possible d'y répondre de manière satisfaisante en moins de 4000 mots ? ❼

Exemples de questions de recherche

1ère catégorie : Langue

« Jusqu'à quel point le langage des jeunes des cités en France renforce-t-il leur exclusion sociale ? »

« Le français en Vallée d'Aoste : atout pour la population ou prétexte pour les politiciens qui veulent maintenir l'autonomie de la région ? »

2ème catégorie : Culture et société

a) Mémoires de nature socioculturelle qui portent sur une question ayant un impact sur la langue, par exemple :

« Quelle est l'influence des SMS sur le français contemporain ? »

« L'évolution de la société française a-t-elle eu un impact sur l'emploi du tu et du vous ? »

b) Mémoires de nature culturelle basés sur des artefacts culturels spécifiques, par exemple :

« Comment Jacques Ferrandez dépeint-il la colonisation de l'Algérie dans la bande dessinée *Carnets d'Orient* ? »

« Colonisation et valeurs républicaines : que signifie une loi comme celle du 23 février 2005 pour les descendants des anciens colonisés immigrés en France ? »

(Voir ci-dessous pour des conseils sur le choix d'un artefact culturel.) ➡

❸ Suivez bien les conseils de votre superviseur à cette étape. Il est crucial que la question de recherche soit pertinente et bien formulée.

❹ Choisissez un sujet qui vous passionne. Le processus de recherche et de rédaction n'en sera que plus agréable et s'il transparaît dans votre travail, votre enthousiasme devrait vous permettre d'obtenir une bonne note au critère K : évaluation globale.

❺ Il se peut que votre sujet soit plus adapté aux exigences d'une autre matière que le français B (par exemple, l'histoire, la géographie ou les arts visuels). Vérifiez auprès de votre superviseur.

❻ Conseil : évitez les sujets biographiques (« Chanel », « Marie-Antoinette »…), descriptifs (« L'industrie du luxe en France », « Le français en Belgique »…) ou touristiques (« Les attraits de la Provence »…)

❼ Exemples de sujets trop vastes : « L'immigration maghrébine en France », « La femme africaine », « L'histoire de la langue française », « Les procédés comiques dans l'œuvre de Molière »…

3ème catégorie : Littérature

« Comment l'hypocrisie de la société est-elle dépeinte à travers les personnages de *Boule de suif* de Maupassant ? »

« Quelle est l'image de la femme dans *Les Fleurs du Mal* de Baudelaire ? »

Choisir un artefact culturel spécifique

Les mémoires de la catégorie **2b** doivent être basés sur un artefact culturel spécifique. Mais que signifie un artefact culturel spécifique ? Il s'agit d'un élément tangible qui peut aider à comprendre la culture d'un pays ou d'une région. Baser votre mémoire sur un artefact culturel spécifique vous permet également de bien circonscrire votre sujet. Voici quelques exemples :

Documents écrits

Journaux, magazines, manchettes, bandes dessinées, publicités, dépliants, lois, politiques publiques, documents historiques…

Documents oraux

Scénarios, émissions de télévision ou de radio, paroles de chansons, interviews…

Documents visuels

Œuvres des beaux-arts, architecture, films, timbres…

Symboles culturels

Articles et accessoires de mode, aliments et plats, marques… (en tant qu'expression d'une culture)

Ne sont pas acceptés comme artefacts culturels

Événements politiques (élections, référendums), événements historiques, mouvements sociaux (manifestations, émeutes…), problèmes sociaux (chômage, immigration, racisme, violence à l'école, situation des femmes…), villes ou régions, groupes ethniques, tendances médiatiques, styles de musique, sports, traditions, institutions (systèmes scolaires, partis politiques…)

D'après Notes au coordonnateur, Organisation du Baccalauréat International, septembre 2009

5 Effectuer des recherches

- Où et comment allez-vous vous documenter ? **8**
- Avez-vous accès à de la documentation en français sur ce sujet ? **9**
- Avez-vous accès à des sources autres qu'Internet ? **10**
- Pouvez-vous recueillir des informations vous-même sur ce sujet (interviews, questionnaires, corpus linguistique, etc.) ? **11**
- Savez-vous comment mentionner vos sources ?
- Quel système de citation des sources allez-vous utiliser ? **12**

8 N'hésitez pas à demander l'aide de votre bibliothécaire.

9 La majorité des sources doivent être en français pour obtenir le maximum de points au critère C : recherche.

10 Il est généralement facile et rapide de trouver des sources sur Internet, mais attention ! Celles-ci ne sont pas toujours fiables… Utilisez-les avec prudence et faites un effort pour inclure des publications (livres, articles) réputées dans votre bibliographie.

11 Il est préférable d'utiliser ces sources comme compléments d'information et non comme sources primaires car les données recueillies de cette manière sont généralement trop peu nombreuses pour avoir une valeur scientifique.

12 Il existe plusieurs systèmes. Assurez-vous que celui que vous choisissez est complet (particulièrement pour les références provenant d'Internet) et facilement compréhensible. Utilisez-le de manière cohérente tout au long du travail.

6 Rédiger le mémoire

- Selon la documentation que vous avez recueillie, votre question de recherche est-elle toujours pertinente et assez précise ? **13**
- Quel est le plan de votre mémoire ?

13 N'hésitez pas à la modifier si nécessaire.

L'introduction

- Votre introduction mentionne-t-elle clairement la question de recherche ?
- Votre introduction mentionne-t-elle une seule question de recherche ?
- La question de recherche mentionnée dans l'introduction est-elle la même que celle mentionnée sur la page de titre et dans le résumé ? **14**
- Votre introduction fournit-elle un contexte et explique-t-elle clairement l'importance du sujet et pourquoi il mérite de faire l'objet de recherches ?

14 Attention aux reformulations ! Cela risque de changer l'angle ou même le sens de la question.

Le développement

- Votre développement comporte-t-il une véritable analyse ou s'agit-il surtout de descriptions et/ou de narrations ?
- Quel point de vue soutenez-vous ?
- Quels arguments apportez-vous pour soutenir votre point de vue ? **15**
- Utilisez-vous bien les sources consultées pour soutenir votre raisonnement ? **16**
- Vos sources sont-elles directement pertinentes ?
- Les étapes de votre raisonnement sont-elles clairement indiquées (paragraphes, connecteurs logiques) ?

15 Évitez les généralisations et les affirmations non fondées.

16 Il est essentiel de fournir des faits (preuves, statistiques, exemples tirés de l'œuvre littéraire étudiée…) Il est tout aussi essentiel d'expliquer en quoi ces faits sont liés à votre raisonnement.

La conclusion

- À quelle conclusion arrivez-vous ?
- Cette conclusion répond-elle **vraiment** à la question de départ ?
- Découle-t-elle logiquement du raisonnement développé dans le corps du mémoire ?
- Comprend-elle des questions non résolues ou une ouverture sur une autre problématique ?

7 Rédiger le résumé **17**

- Le résumé a-t-il été rédigé après le mémoire lui-même ?
- Votre question de recherche est-elle clairement formulée ? **18**
- La façon dont la recherche a été menée est-elle bien expliquée ? **19**
- Votre conclusion est-elle clairement énoncée ?
- Le résumé compte-t-il moins de 300 mots ? **20**

17 Une structure en trois paragraphes est particulièrement efficace.

18 Pour bien la mettre en évidence, vous pouvez utiliser des caractères gras.

19 Il ne s'agit pas d'expliquer comment vous avez recueilli vos données (recherches à la bibliothèque ou sur Internet) mais bien de donner une vue d'ensemble du mémoire (c'est-à-dire fournir le plan du travail).

20 Il est recommandé d'indiquer le nombre de mots au bas de la page.

Rédiger en français

Rédiger un mémoire dans une langue seconde ou étrangère représente une difficulté supplémentaire. C'est aussi bien entendu une occasion incomparable d'améliorer votre compétence linguistique.

Les critères d'évaluation n'accordent que 4 points (sur 36) à la qualité de la langue (critère G). La langue compte donc proportionnellement moins que dans une rédaction pour votre cours de français B. Cependant, rappelez-vous que la qualité et la clarté de la langue vous font gagner des points à d'autres critères : les critères A, B, E et H mentionnent tous de façon explicite la clarté de l'expression comme une condition essentielle pour obtenir le maximum de points.

⟵ Quelques conseils

✔ Documentez-vous en français. Cela vous aidera énormément au moment de la rédaction.

✔ Rédigez directement en français.

✔ Utilisez un registre approprié (pas d'expressions familières).

✔ Sélectionnez le français comme langue de votre traitement de texte et vérifiez l'orthographe et/ou la grammaire des mots et des passages soulignés par le correcteur d'orthographe. Vous éviterez ainsi les erreurs les plus gênantes.

✔ Utilisez du matériel de référence comme un dictionnaire bilingue ou unilingue, un manuel de conjugaison, vos notes de cours, etc.

✔ Ne comptez pas sur votre superviseur ou sur un autre professeur de français de votre établissement pour corriger vos fautes. **Ils ne sont pas autorisés à le faire**. Votre superviseur peut cependant vous aider à employer la terminologie spécifique à votre sujet (termes littéraires, par exemple).

✔ Assurez-vous que **tout** soit en français (y compris le résumé, les citations, les remerciements, les titres des différentes parties, la table des matières, la bibliographie…).

✔ Relisez attentivement votre travail.

8 Présenter votre travail

■ Votre mémoire compte-t-il moins de 4000 mots ? **21**

■ Avez-vous inclus tous les éléments requis dans l'ordre prescrit ?

Page de titre
Résumé
Table des matières
Introduction
Corps du mémoire
Conclusion
Bibliographie
Annexes (optionnel)

21 Ce nombre inclut l'introduction, le développement, la conclusion et les références. À noter cependant que les mémoires de 3000 mots et moins sont généralement trop légers et ne permettent pas d'atteindre les meilleurs résultats.

■ Avez-vous inclus sur la page de titre tous les éléments requis ?

Nom
Numéro de candidat
Nom de l'établissement
Session d'examen
Matière
Titre du mémoire
Nombre de mots

- Chaque partie du travail est-elle clairement identifiée par un titre ?
- Les titres des différentes parties sont-ils en français ?
- Avez-vous numéroté toutes les pages ?
- Avez-vous utilisé une police bien lisible et un double interligne ?
- Avez-vous bien divisé votre texte en paragraphes ?
- Les numéros de pages indiqués dans la table des matières sont-ils corrects ?
- Les illustrations, tableaux, diagrammes, cartes, graphiques, etc. sont-ils clairement identifiés ?
- Avez-vous cité **toutes** vos sources ?
- Avez-vous utilisé le même système de citation tout au long de votre travail ?
- La bibliographie inclut-elle toutes les œuvres citées ? **22**
- La bibliographie est-elle organisée par ordre alphabétique d'auteur ?
- Les détails relatifs à chaque source (auteur, titre, éditeur, date de publication) sont-ils tous inclus ? **23**
- Les références des sources Internet sont-elles complètes ? **24**
- Les sources des illustrations sont-elles fournies ?
- Les annexes contiennent-elles seulement des informations pertinentes ?
- Les références aux documents proposés en annexe sont-elles clairement indiquées dans le corps du travail ?

22 Seules les œuvres citées doivent être incluses dans la bibliographie.

23 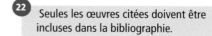 Exemple : GIBLIN, Béatrice (2009), *Dictionnaire des banlieues*, Paris : Larousse.

24 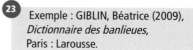 Exemple : ROBITAILLE, Antoine (2010), « La paix linguistique ″menacée″ », in www.ledevoir.com [en ligne]. http://www.ledevoir.com/politiuqe/quebec/298335/la-paix-linguistique-menacee (page consultée le 15 septembre 2011)

9 Se préparer à la soutenance du mémoire

La soutenance est un bref entretien que vous pourrez avoir avec votre superviseur une fois votre mémoire terminé. Elle est recommandée par l'IB mais elle n'est pas obligatoire. Elle dure entre 10 et 15 minutes.

Les buts de la soutenance

La soutenance :

- permet au superviseur de vérifier si le travail est bien le vôtre
- aide le superviseur à rédiger son rapport
- vous permet de réfléchir au processus de recherche et de rédaction
- vous aide à faire le point sur ce que vous avez appris.

Comment vous préparer

Pour vous préparer à la soutenance, réfléchissez aux questions suivantes :

- Pourquoi avez-vous choisi ce sujet ?
- Comment avez-vous choisi vos sources ?
- Quelles sont les principales difficultés que vous avez rencontrées ?
- Quels sont les points forts de votre travail ?
- Qu'avez-vous appris de plus important en faisant vos recherches ?
- Qu'est-ce que la rédaction du mémoire vous a apporté sur le plan personnel ?
- Quels conseils donneriez-vous à un(e) élève qui veut faire son mémoire en français B ?

5.3 Comment le mémoire est-il évalué ?

Le mémoire est évalué selon des critères communs à toutes les matières.

Critère	Nombre de points
A : question de recherche	2
B : introduction	2
C : recherche	4
D : connaissance et compréhension du sujet étudié	4
E : raisonnement	4
F : utilisation de compétences d'analyse et d'évaluation adaptées à la matière	4
G : utilisation d'un langage adapté à la matière	4
H : conclusion	2
I : présentation formelle	4
J : résumé	2
K : évaluation globale	4
	Total : 36

Bilan

Posez-vous les questions suivantes pour vérifier que vous vous êtes bien préparé(e) pour réussir le mémoire.

Savez-vous…	OUI	NON
■ ce qui est testé dans ce travail ?	☐	☐
■ quelles sont les modalités (nature du travail, nombre de mots…) ?	☐	☐
■ quels sont les sujets admissibles ?	☐	☐
■ quelles sont les caractéristiques d'une bonne question de recherche ?	☐	☐
■ quelle est la manière de se documenter ?	☐	☐
■ quelle est la manière de mentionner ses sources ?	☐	☐
■ quelles sont les caractéristiques d'une argumentation organisée et efficace ?	☐	☐
■ ce qu'il faut préciser dans le résumé ?	☐	☐
■ comment améliorer la qualité de la langue utilisée ?	☐	☐
■ comment présenter votre travail ?	☐	☐
■ quels sont les critères d'évaluation ?	☐	☐